商务印书馆（成都）有限责任公司出品

JOHN MILL　　ON UNIVERSITIES

# 密尔论大学

［英］约翰·密尔 著

孙传钊 编译

王晨 校译

# 目录

*1*
·
编译者的说明

*13*
·
就任圣安德鲁斯大学名誉校长典礼上的演说

*104*
·
塞奇威克教授的讲义

*178*
·
译后记

# 编译者的说明

约翰·密尔在各个领域的主要著作都有了中译本。之所以还产生编译这部小书的想法,是因为翻译过爱德华·希尔斯编译的《韦伯论大学》一书,受希尔斯的启发,想把密尔关于大学的著述也编辑成一本小册子。

尽管约翰·密尔自己未曾接受过大学教育,却在父亲指导下的家庭教育中成长为一名跨越多个领域的杰出学者。按照日本学者丸山真男的说法,约翰·密尔是懂得所有事物中某一事物、又对某一事物的整体也很精通的人("あらゆることについて何事かを知っており、何事かついてはあらゆることを知っている人"),是位博识的知识分子,而不是局限于特定领域的知识分子。

密尔还是一位公共知识分子,他在晚年——确切说60岁那年——1867年2月1日,在繁忙的议员工作之余,被圣安德鲁斯大学的学生选为名誉校长。就任名誉校长的典礼上,他做了长达两个多小时的演说,系统地论述自己的大学教育观。这次演说后来以单行本形式出版，即《就任圣安德鲁斯大学名誉校长典礼上的演说》（*Inaugural Address Delivered to the University of St. Andrews*, 1867）。我国绝大多数研究英国大学史的学者都从二手著述中转引这篇演说的内容，而且还常把"名誉校长"误为"校长"。这也是我翻译这篇演说的一个动因。

在自传的最后部分，密尔曾谈到他就任圣安德鲁斯大学名誉校长典礼上的这次演说：

我很荣幸地被圣安德鲁斯大学的学生选为名誉校长，并按照惯例发表了演说。在这篇演说中，我就一生积累的有关博雅教育的许多学科发表了很多想法和见解，谈到了它们的功能和影响，以及为了使这些学科发挥最有益的影响应当采取的方法。为了证明圣安德鲁斯大学旧的古典学科和新的科学学科有同样高的教育价值，我采取的立场比大多数宣传者的极力主张更加坚定，认为只因为很久以来常用教学法的愚蠢无能才使得这两大学科被人看作是竞争者，不是合作者。我认为这典礼不仅有助于促进在全国大学中已顺利开展的改革，而且能在最崇高的理念的培养下，在受过高等教育的人们中传播比我们平时接触的更加公正的思想。[①]

---

[①] 《我的知识之路》，郑加丽等译，外语教学与研究出版社，2009年，第358—359页。

密尔做这次演说时，英国大学内的"旧的古典学科和新的科学学科"虽然并存，却处于一种对立的状态。围绕这两大学科在大学中应有怎样的地位，以古典语言、人文学科为核心的传统的博雅教育、英国的绅士教育，如何对应急速发展的自然科学的挑战，已经出现了由社会学家哈佛·斯宾塞和作家哈克斯利为代表的、主张以自然科学新成果为教学课程核心的"新博雅教育"体系的一派。与这新博雅教育体系相对抗的、坚持传统博雅教育的代表人物是马修·阿诺德和温彻斯特学院院长乔治·莫巴利。从演说来看，密尔站在阿诺德等人一边。

密尔和亨利·纽曼也是同一时代的人，虽然在强调古典语言、古典人文学科重要性这一主题上，密尔的就职演说与纽曼的《大学的理念》有很多共同关注的点，但密尔与纽曼最大的区别是，密尔不是基督教虔诚信徒，身处牛津、剑桥大学之外，主张英国的大学（严格地说是英格兰的牛津、剑桥）应该克服国教教派的宗派性，大学要从宗教教义教学中解放出来，才能做到真正自由地探索真理。他和接受德国观念论影响的马修·阿诺德的立场比较接近，认为古典人文知识最终是研究现实世俗文化的工具，是社会改良的工具。所以，阿诺德读了他的这篇演说后，曾去信表示赞同。和在各个领域（包括他主张的功利主义）常取折中的立场一样，密尔也不否认大学可以培养世俗社会的专家。比如，他认为法学院培养律师这样实用专门的人才也未尝不可，但是大学的任务是培养掌握事物本质原理的哲学的律师。纽曼本质上是想依靠宗教信仰而不是靠科学知识来改造世界。

其次，密尔在演说中推崇苏格兰的那些古老大学的传统，特别是苏格兰的大学古典语言教学的传统。与英格兰的大学（牛津、剑桥）传统相比，苏格兰的大学很少接受外来的经济资助，所以受到利益关系者干涉少，改革的阻力小。古典语言希腊文、拉丁文的教学，不是注重于文体的形式，不把掌握古典语言作为绅士身份的标志，而注重于古典语言作为当下学术研究的工具性、实用性。1980年代以来欧美学术界论争英国绅士人文主义教育与大英帝国衰落之间的关系时，相对于牛津、剑桥，苏格兰的大学启蒙、理性的传统经常作为务实的正面例子被人提起。演说中，密尔强调牛津、剑桥那种追求形式的古典语言教学和现代外国语教学必须改革。他的这些见解，值得今天中国过分偏重英语教学地位的大学管理者一读。

再次，演说中，密尔把大学教育任务分成三个领域：围绕美学的"艺术教育"、以智育为目的的"知性教育"和培养人的良心的"道德教育"。他认为"艺术教育"虽是辅助德育和智育的，但是对于人格完善来说，不仅必不可少，而且具有同样的重要性。而与欧陆诸国相比，英国教育传统因为受到商业拜金主义和清教徒宗教信仰影响，历来轻视艺术教育。艺术、情操教育的贫乏导致国民的精神危机。强调通过艺术、美学教育达到情感培养、精神高尚的目的，是密尔大学论独特的方面，也暗示了英国资本主义全盛时代的社会所面临的精神危机。密尔是个自由主义者，他的博雅教育（general education）是与古代自由学艺（liberal arts）相连的。我们今天也能看到：当一个社会的整体审美情趣十分低俗，特别当它的精英们也是如此时，国民追求自由的能力和求知的欲望也会变得低下。

就职演说中，他提到早年撰写的《塞奇威克教授的讲义》一文。《塞奇威克教授的讲义》也是19世纪英国大学围绕课程改革争论的产物，尽管文章涉及课程设置问题不多，但是详细讨论了道德教育中关于人性的本质问题：功利主义与德育的关系，后天德育的必要性。这些论题也值得我国德育研究者注意。另外，当今中国教育学界也有不少人，屡屡错误地阐释和运用"功利主义教育"这一源自西人的概念，把中国传统科举形成的为了获得"颜如玉"、"黄金屋"的功利观乃至今天教育领域内诸多腐败现象，与边沁、密尔父子等人倡导的"功利主义"简单地直接等同、比附、联系起来。这是对"功利主义"的一种望文生义的误解。密尔在《就任圣安德鲁斯大学名誉校长典礼上的演说》中，明确要求学生们"蔑视卑俗的、利己的目的"，"不能把自己及其家族的富裕、出人头地作为人生的最高目标"，要超越利益的报酬来考虑自己的前程。又如,约翰·罗尔斯尖锐批判功利主义,但是罗尔斯也曾高度评价一位功利主义者——剑桥大学教授、经济学家亨利·塞奇威克(Henry Sidgwick, 1838—1900)是一位出色的经济学家。因为亨利·塞奇威克在他的《伦理学诸方法》《经济学原理》等著作中强调,经济危机中的英国,个人主义与社会主义的对立是可以调和的,从"功利主义"立场出发,虽然不能放弃个人自由,但是从人类全体的幸福考虑,也不抛弃少数人的幸福,为了保护公共利益、财富,要对政府的经济介入和规制留有余地。所以,人们认为他的经济学理论是凯恩斯主义的前驱。和密尔一样,亨利·塞奇威克也反对国教对大学教学、学术自由的束缚。剑桥大学规定教员任职时都必须宣誓忠于英国国教。亨利·塞奇威克冒着失去饭碗的风险,公开拒绝、挑战这一传统规定,结果,当时首相格拉杜斯顿因此顺应时势废除了剑桥的这一规定。亨利·塞奇威克开创了不宣誓而受雇于剑桥大学的先例。可是,和密尔强调经济学作为一门单独的学科观点不一样,亨利·塞奇威克认为经济与政治等其他领域密不可分,经济学很难作为独立学科进行孤立的教学。因此《塞奇威克教授的讲义》中详尽地阐释社会功利和个人天性的关系,对中国教育学研究者也有警示作用。

《塞奇威克教授的讲义》和《就任圣安德鲁斯大学名誉校长典礼上的演说》的初出时间相隔30余年,说明了密尔所处的时代,整个19世纪英国资本主义虽然尚未明显衰退,传统的人文古典学科却正在衰退,现代科学、实业学科兴起并发生冲突。教育领域中的这个冲突,可以说到今天依然是学界的话题。20世纪70年代马丁·维纳(Martin Wiener)的文化批评所点燃的关于英国是否衰退的学术争论一直延续到21世纪初。这场争论涉及英国近代社会以后的文化、教育理念是否是反资本主义、反工业化的。与其他国家横向比较的话,英国文化是不是世界上最反资本主义、反工业化的? 由此出发还引出了四个与教育相关的重要问题:1.19世纪末公学的教育体现了绅士阶层的中产阶级共同的反产业主义精神;2.与金融业、商业等相比,传统公学教育对工业特别是制造业的产业家子女选择前程产生决定性的影响;3.事业成功的制造业产业家子女都离开父辈开创的事业,流入传统绅士身份从事的职业,导致人才流出;4.公学毕业的产业家真的受到这种负面影响而经营不善吗? 因为维纳认为以人文教育为核心的英国绅士教育不仅是半吊子资产阶级革命的根源,也是现代化——现代产业发展的绊脚石。在这个论题上,对维纳发出最有力反击的是澳大利亚学者鲁宾斯坦。他认为18世纪以来英国的经济、文化、教育并没有衰退。在《1750—1990年间英国的资本主义、文化及其衰退》(*W. D. Rubinstein Capitalism, Culture, and Decline in Britain 1750—1990*、1993)一书中,鲁宾斯坦强调德国大学19世纪人文主义对现代性的抵抗比英国激进得多,而英国正是18世纪形成的绅士主义造就了不走极端、中庸的好传统,有利于资本主义发展。鲁宾斯坦认为重视人文教育、传统文化是欧洲普遍现象,也是英国近世文化的特征。英国制造业不发达,金融业、第三产业的职业与绅士身份一致,发展迅速,变得强势,对毕业生有吸引力等现象,都不是弱点,也不标志衰退——是对外资本输出的帝国主义国策的结果。他在2000年出版的《反思英国衰退》(*Rethinking British Decline*)这本论文集的"英国文化与经济实绩"一文里坚持阐述了1993年的观点。澳洲教育史学者迈克尔·萨德森(Michael Sanderson)也对百余年来的教育拖了经济的后腿、导致经济长期衰退的通说提出三个方面反论:1. 1890年至1914年间,为了与新兴德国、美国竞争,大声呼吁强化技术、工科教育的人,不是来自制造业的实业界,而是政治家和学者。2. 英国虽然大学的工科、高级技术学院发展滞后,但是其培养技术工人的学徒制度有一定合理要素,即职业训练成本由雇主和学徒这两方职业教育的受益者负担,不动用国民税金,两方为了自己长远利益都具有主观的积极性。3. 人们一般认为,由于工业迅速发展,带动了教育体制进步,当时德国教育体制优于英国,但实证研究的史实表明,英国19世纪后半期的教育体制乃至大学的实用学科水平,并不比德国差多少。通观《就任圣安德鲁斯大学名誉校长典礼上的演说》中密尔的大学观,多少也可以看到那个时代在工业化、商业化强势冲击下,密尔对人文主义的恋情的退却;密尔的折中也反映出维纳和反击者们——论争双方的观点,都有一定道理,所谓仁者见仁智者见智。

本书收入的第二篇文章,即1835年4月号的《伦敦评论》(London Review)刊登的《塞奇威克教授的讲义》,是约翰·密尔评论亚当·塞奇威克(Adam Sedgwick,1785—1878)《有关大学研究的讲义》(A Discourse on the Studies of University,1834)这篇论文。塞奇威克当时是剑桥大学地质学教授、特立尼铁学院(Trinity College)的评议员(Fellow),也是英国国教教会的牧师。他于1804年以优秀成绩毕业于特立尼铁学院,后留校任教。1818年,不是地质学出身的塞奇威克自学成才,研究成绩得到同行公认,晋升为地质学教授,这在当时的剑桥大学也是一个异例。1829年塞奇威克担任伦敦地质学会会长。发表《有关大学研究的讲义》时,作为地质学学者,他在英国已经颇有名气,在大学内也是中坚力量。而且因为他平易近人的作风,很受学生欢迎。每年夏天组织学生野外调查"发现旅行"(Voyage of discovery),秋天在学院里公开旅行收获的成果,举办学术讲座。参加他组织的"发现旅行"的学生达尔文,1859年把自己的著作《物种起源》"献给塞奇威克教授"。塞奇威克也参与创立剑桥哲学学会,经常为其会刊写稿。1832年12月17日他在特立尼铁学院举行的纪念基金捐款者仪式上的讲话,是一次替代与会贺词的做礼拜的教义宣讲,也是后来被整理成单行本出版的《有关大学研究的讲义》(以下简称《讲义》)的底稿。这次演讲受到与会者的欢迎,1834年得以出版,塞奇威克对演讲稿作了补充,正式出版时的书稿篇幅是原来的两倍。出版后受到好评,1833年至1835年间四次重版。但是,倘使读了本书所收的密尔的《塞奇威克教授的讲义》,就知道塞奇威克遭到密尔严厉的批评。塞奇威克的《讲义》之所以受到读者欢迎,首先是因为他涉及的论题都是读者关心的话题——大学改革、地球起源、功利主义理论等。它也表明英国国教圣职者们对这些问题的态度:在科学、哲学的各领域坚持强化传统的伦理、宗教观念。密尔在《塞奇威克教授的讲义》一文中,针锋相对地批判塞奇威克有关大学中历史、古典文学地位的分析和对功利主义进行否定的观点。而密尔对英国大学应该如何发展的见解,在30多年后的《就任圣安德鲁斯大学名誉校长典礼上的演说》中更加成熟、周全地表达出来了。

撰写《塞奇威克教授的讲义》一文时,正值牛津、剑桥两所大学内部各种改革呼声高涨,涉及课程内容、考试方法、授予学位资格制度等方面。塞奇威克是辉格党党员,也支持大学内部改革运动,所以写了《讲义》。因为牛津、剑桥大学与英国国教的联系依然非常强韧,密尔在《塞奇威克教授的讲义》中,虽然也提到这一点,但仅一笔带过而已[威廉·汉弥顿(Sir William Hamilton）曾撰文（*Discussions on Philosophy and Literature Education and University Reform*,1852）就牛津、剑桥大学与英国国教的关系这一点提出过激烈的批评］，主要矛头指向塞奇威克对功利主义批判中显现的破绽。他在某种程度上肯定塞奇威克参与大学改革、课程设计的资格后，指出塞奇威克对功利主义的批评显示其学术水平是不称职的。密尔晚年在自传中如是说：

在我第一次为《伦敦与威斯敏斯特评论》写稿的时候，通过选择文章的主题，又有机会将自己协调新旧"哲学激进主义"的计划付诸实践。塞奇威克教授在自然科学一个特定领域很有名，但是他不应该越界进入哲学领域，他最近发表了《论剑桥大学研究》一书。此书攻击分析心理学和功利主义伦理学。这激发起我父亲和其他人的义愤，我觉得这是他应得的。我设想，这是个机会，既能击退不公正的批评，同时又能把我对那些问题的许多看法插入到我对哈利特主义和功利主义的辩护之中去，而这些看法和我以前的同事是不同的。在这件事情上，我取得了部分成功，然而由于我和父亲之间的关系，如果我把这时对这个问题的所有看法都说出来，无论如何都是一件痛苦的事情，而且在他为之撰稿的《伦敦与威斯敏斯特评论》中也根本不可能说出来。①

---

① 《我的知识之路》，郑加丽等译，外语教学与研究出版社，2009年，第237—238页。

1859年将《塞奇威克教授的讲义》收入《论说与论考》(Dissertations and Discussions)文集时,密尔又补充说:

在《塞奇威克教授的讲义》中,自己给读者的印象似乎迷信洛克和边沁,一点也没有注意他们的缺陷,可是,假如人们读了我以后有关论述洛克、边沁的著述,想必会改变对我的这种印象。

所以,我们中国的读者今天读这篇文章时,要注意密尔不同时期思路和文字的变化。我在翻译和编辑这篇文章时考虑到这一点,把1859年这篇文章收入文集《论说与论考》时修改过的地方(1867年版本与1859年版本相同)和最初在《伦敦评论》刊出时的样式一并译出,为研究密尔学术思想演变的中国读者提供对比的便利。

另外,《就任圣安德鲁斯大学名誉校长典礼上的演说》原著段落不分明。遇到不明的地方,编译者根据上下文语义自行分段。再有,为了读者阅读方便,对两篇文章中的一些人名、相关事宜补充了一些译注。

# 就任圣安德鲁斯大学名誉校长典礼上的演说

依照贵校的惯例,被诸位选为名誉校长[1]的人需要在就职演说中对一个博雅教育工作者最为关心的问题发表看法。首先我想说,这是个非常值得称道的惯例。就其更广大的意义上来说,教育是可谈内容最难以穷尽的话题之一。迄今为止,诸多哲人就此谈及的问题之多,也是其他问题所不及的。但是,对于以一种新的趣味直面这些问题(广义上的教育问题)的人们来说,即对于前人的观点未感到完全满意的人们来说,他们就如最初探索这个问题的人们一样,"教育"依然完全是一个新鲜的话题。而且,尽管至今已经有很多人表述了出色的观点,但是凡是有思想的人,无论谁都会感到现在依然存在还没讨论到,或者说还没有定论的,与教育有关的大大小小的问题。

所谓教育,必须由各种各样的人从各种各样的观点来考察。因为在所有具有多个方面的问题中,教育问题包含的方面是最多的。当然,教育中包含了向人格的自我完善这样一个特定目标一点一点接近的自我努力和为此接受来自他人援助的两个方面。此外，实际上，教育还包含了更多方面。总之，教育这个词在最普遍的意义上，还包含了对人格和能力有间接影响，但其直接目的却完全不同的事物，比如，法律、统治形式、产业技术、各种社会生活方式等等，甚至还包括了不为人的意志左右的物理现象，如气候、风土、地理位置等对人产生的间接影响。对于人的成长产生影响的所有事物——即促使他成为他那样子，阻止他变成其他样子的所有事物都是教育的一部分。它们经常是很不好的教育，需要发挥知性教养和意志力的全部力量来对抗这种倾向。若要举例的话，那就是有的地区未能获得"自然"的恩惠，人们只能为了维持生命付出全部精力；而其他的地区就可能由于得到"自然"恩惠的过分眷顾，人们即使没有能充分发挥自身能力，太容易可能像动物那样生存。上述的两种情况虽然不同，但是都妨碍了人的精神自发成长。特别是人类处于完全原始野蛮状态时，总是处于这两种极端之一的境地之中。但是，在这里我想进一步把话题限定于更狭义的教育之内，即每一代人特意留给他们下一代的文化，以便使后者即使不能提高现有的进步水平，至少也能将其保持下去。今天在座的诸位，几乎全都是每天都在接受这样的教育的人，或者是每天都在传授这样的教育的人。诸位正在从事的事情，也就是国民的大学[2]所承担的那个阶段的教育任务，可以断言这也是诸位目前最关心的部分。

一所大学在国民教育中应该发挥的全部功能，想来大家都已充分理解了。[3] 至少对大学不应该是什么样的，人们没有争议。大家都知道大学不是进行职业训练的场所，讲授人们为了解决生计的特定技能所必要的知识不是大学的目的。大学的目的不是培养熟练的律师、医生和工程师，而是培养有能力、有教养的（cultivated）人才。可是，存在公共职业培训机构也是应该的，存在法律学校［指培养律师的专门学校——译者］、医学院已不足为奇，当然还有工学院、工业技术学校。具有这样学校体系的国家从中受益良多。这类学校与属于本来意义上的教育设施——大学处在同一场所、同一管理之下，虽然多少也不无道理，可是单纯传授技术不属于各个世代向后代传承的应有义务，不属于支撑各世代的文明和价值的范畴。这种技术只是那些想通过自身努力来获得技艺——出于强烈个人动机的少数人所需要的。而且，即使这少数人，在没有完成正规教育课程之前，是不能有效运用这些技能的。关键是渴望掌握特殊专门技艺的人是否把这种技术作为知识的一个领域来学习？是否仅仅把它作为一种手段来学习？在习得技术之后，是贤明、有良心地使用这一技术，还是不顾廉耻运用这一技术？这些并不都是传授专门技术的方法来决定的，倒是取决于他们将何种精神渗入这一技术之中，即取决于教育体系将何种类型的知性和良心植根于他们的心中。作为一个人，在他们成为律师、医生、商人、制造业者之前，原本就已是一个人。

当你被培养成贤明、有能力的人之后，才能成为贤明的律师、医生，成为从事专门职业的人。他们在大学应该学习的不是专门知识，而是能正确利用专业知识的方法，以普遍教养之光来诱导专业领域技术正确的发展方向。诚然，即使没能接受博雅教育（general culture education）[4] 的人也能成为能干的律师；但是若要成为哲学的律师，即假如你希望并非只是通过背诵把详尽的知识填塞到头脑里，而要追求掌握事物的原理的话，博雅教育是必不可少的。[5] 可以说即使像机械专业这种工科类实用专业学科，一般的博雅教育也是必要的。假使是一个以制鞋为职业的匠人，教育能使这个人成为充满知性的鞋匠，而不是教他制作鞋子的方法。换言之，通过给予他知性的训练及通过这样的训练养成思考的方法，才能培养成有知性的鞋匠。

若用数学术语来表达的话，这就是大学教育的"上限"（higher limit）；教育领域超越博雅教育，上升到迎合个人人生目标的各个专业领域。但是，要对它的"下限"（lower limit）做一个规定，是非常困难的课题。基础教育不应该是大学关心的事情，学生在进入大学之前应该已经学得这些基础知识。可是，也有人提出疑问：基础教育在何时终结？更高深的学问从何时开始？有些人大大扩充了基础教育的概念，虽然他们也承认教授那些特定领域最初步的知识并不是大学的任务。他们关心学生在大学应该学到的知识能否成体系，即他们考虑到各独立的部分知识之间的关系及其与知识整体之间的关系，要求学生能把至今在各个地方已学到属于部分知识领域的观点联系起来，能制作出一幅知识的全部领域的地图。更具体地说，所有的知识是怎样联系的？如何从某领域进入其他领域的？高深的知识是如何纠正普遍的知识？或者相反，考察普遍的知识对理解高深知识起何种作用？总之，要考察现在存在的各种事物的种种特征是怎样形成的。个别领域的科学、各自独特的研究方法只能搞清楚这些特征的极小部分。如果考虑到这些特征的整体，我们就会不是把实在的事物更抽象化，而是将其作为"自然"的一个事实，这样就能够真正知道事物整体特征。

博雅教育的最后阶段旨在帮助学生把他们已经分门别类学到的东西综合和联系起来，它包括对科学方法的哲学研究，后者是人类知性从已知到未知的途径。我们必须总结人脑拥有哪些探索自然的能力，也就是必须学习如何发现世界中实际存在的各种事实，如何验证是否真正的发现。这毫无疑问正是博雅教育的终极和完成。但是，在把大学限定于教育的最高机构，也就是限定在不是传授知识而是教授知识的哲学的教育机构之前，必须先确认学生已经在其他地方习得知识。对大学持此观点的人认为，中小学必须有足够的能力教会年轻人所有学科的一般知识,虽然它们是分门别类教的。这种说法并没有错。可问题是,究竟何处有这样的学校?当科学发展到具有近代性质之后,这样的学校无论哪里都找不到了,英伦诸岛更加没有这种学校了。虽然苏格兰这个历史悠久的王国,得益于伟大的宗教改革家[6],具有南部姐妹国家英格兰所没有的出色的教区学校[7],这是一个很大的优点。这样的教区学校,苏格兰比其他所有的国家要早两个世纪出现,对大半民众不仅发出一种召唤,还实施了相当重要的教育,但是更高一级的学校,即使在苏格兰也是少数,依然不够。因此大学必须替代它们,承担起原本应由教区学校承担的功能之大部分。比如,接受少年学生,在大学内不仅教授原先应该教的学科,还承担起教授学习这些学科的大部分知识之任务。所有的苏格兰大学[8]不仅是大学,也具预备有弥补其他学校教学不足的高等学校[高中、High School——译者][9]功能。英格兰的大学没有承担起这样的功能,其原因不是英格兰的大学没有这种必要,而是它们无视了这一必要性。几乎可以说一无所知的苏格兰青年进入大学,在那里从头学起。英格兰的学生们大部分也都这样更加无知地进入各个大学,而且依然无知地毕业离开大学。[10]

事实上,苏格兰的大学把从基础开始所有的博雅教育包含在其大学功能之中。而且,诸位在学的大学课程,几乎也从设立之初就已将含有深度和广度的整体作为其办学目标。英格兰的大学在很长时期内把教育重要性和努力目标限定于古典语言和数学两个科目,而你们的大学并非如此。英格兰的大学最近几年才设立了"自然科学"(Natural Science)和"道德科学"(Moral Science)优秀等级考试制度[11],但是你们的大学没有这样。

苏格兰的大学很早以前就系统地实施这两大部门的教育。并且我们这所大学担任这两大部门学科的教授不仅不是那种连一门科目都不讲授的、徒有虚名的教授,相反,在苏格兰的大学执教这两大部门课程的都是最有声望的教授,由于这样的老师们的尽力,我们得以见到上一世纪和本世纪诞生了几位最出色的知识分子。要评价苏格兰的大学教育课程,必然要罗列出一般教养知识[即博雅教育授予的知识——译者]的各个重要部门。因而,我要最大限度地利用今天演讲机会,从这一个一个部门谈起,从它们与普遍的"人的启蒙"之间的关系议论开去。我想先略微谈谈以下的问题:这些部门以怎样的独自的方法来为个体精神的发展和民族的福祉做贡献?这些部门为了强化、发扬、纯化和洗练我们所有的共同的人性——达到人类共同的目的,为了提供贯穿人的一生工作所必需的精神工具是如何通力协作的。

让我先来谈谈现在经常听到的关于高等教育的大论争:这一论争一般把教育者分成改革主义者与保守主义者两大派别,被热烈讨论的是所谓博雅教育应该是古典教育、即广义上的文学教育,还是应该是科学教育呢?到底应该重视古典言语教育,还是应该重视现代科学·技术教育?[12]这一论争让人想起英国的斯威夫特(Jonathan Swift)[13]与威廉·廷普尔(Sir William Temple)[14]、法国的芬特奈尔(Bernard Le Bovier de Fontenelle)[15]等人在此前进行过的非常相似的论争——与讨论古代人与现代人哪一方更为优秀的争论一样,没完没了,最终也没有争出一个结果。说实在,我并不认为关于应该教授古典科目还是科学的争论,与人们围绕绘画应该学习素描还是彩色画的讨论没有什么区别;举更接近的身边的事例来说,我也不认为(关于高等教育大论争)与裁缝应该学做上装还是应该学做裤子的那种争论没有任何区别。对高等教育的争论,我只能回答大家为何不对这两方面不兼收并蓄呢。因为我认为不包含文学和科学两方面的教育都不能称作优秀的教育。科学教育是教我们如何思考,文学教育是教我们如何表达思想——假如您对此没有任何异议的话,怎么会说这两者中任一方没有必要呢?如果某人欠缺两者中某一方,那么此人在人性上必定贫弱、畸形和发育不全。我们也没有必要特意重新提起是掌握语言重要还是掌握科学重要之类的问题。就算人生苦短,就算因为把时间浪费在令人乏味的工作上或思索上已使得人生变得更加短暂,可是我们的精神尚未贫弱到人文学家对自己所处的世界中自然法则、特性甘于毫无所知,科学家业已缺乏诗的熏陶和艺术的教养那种地步。很多教育改革者只是在非常狭义的范围内来认识人所具有的学习能力,对此我很吃惊。正如他们所说的那样,科学的研究也是必不可少的。他们强调现在的教育忽视了科学教育,虽然其理由并非全都是真实的,但也包含了某些真实。至少他们是这样认为的,倘若不把某些主要的科目至少从博雅教育中驱赶出去,要挤出他们想提倡学术研究的时间是不可能的。他们认为,为了学习两种已经死亡了的语言——古希腊文、拉丁文——只是半吊子的学问,却必然要浪费整个少年时期,无论怎样说都是愚蠢的。诚然,这样做确实可以说是愚蠢的。可是,学习关于人类精神的能力,能根据伊顿公学、威斯特敏斯特公学[16]的教育能力来测定吗?我倒是希望那些教育改革者们应该把矛头指向那些效率低得可耻的公办和私立学校,它们自诩教授学生这两种语言,却是名不符实。我希望听见他们谴责那些糟糕的教学法,那些无法容忍的倦怠和无能,以致浪费了学生的整个少年时光,却连学校引以为荣的那些学科也只学会些皮毛。在这里谈论决定什么不能做之前,先讨论通过实施出于良心的那种贤明的教育能够做点什么。

一般来说,苏格兰处于一种比英格兰优越得多的状态。在学的苏格兰青年不仅学习古希腊文、拉丁文,还能习得其他学科的一些知识。为何会如此呢?原因是苏格兰进行的古希腊文、拉丁文的教学很出色。长时间来古典语言的教学全是由公立学校（common school）实施的。苏格兰的公立学校与苏格兰的大学一样，与上世纪英格兰的大学以及现在英格兰的几乎绝大部分古典学校（公学、文法学校）不一样，绝不只是进行形式上的古典教学。据我所知，最近在英国出版的学校教学用的拉丁文文法书中唯一质量尚可的是苏格兰人编写的。[17] 实际上，理性的光芒也开始逐渐渗透进英格兰的学校，只是今天尚未积聚起足以与习惯对抗的力量，但是由于一些实践尝试改革学校教学内容的人们的推动，正开始形成这种力量。这些人中间，要算阿诺德（Thomas Arnold）[18]特别引人注目，他已经开始着手改革许多事项。但是，真正的改革都需要相当的时日才能完成，学校的改革比政府、教会的改革还需要更多的时日。这是因为学校改革在其实施之前，要预先做些准备，即培训教师。假如实施古典教育的学校采用根据以往经验改进了的语言教学法，那么我们都不会再听见对学习希腊文、拉丁文徒费漫长修学岁月的批判，以及对因此学习其他学科没有时间而变得不可能的抱怨，问题会迎刃而解。比如，一个才不过处于幼儿期的孩子，无论是使用哪种现代语言，在他们可能为文法规则烦恼之前，通过适当的语言实例已经相当熟悉文法规则了，[19]所以，他们学习现代语言文法规则要比学习古代语言要容易十倍。同样的道理，根据反复练习来熟悉一种语言，可以简捷地在比较短时间内掌握它。如果少年时期学习希腊文、拉丁文,即使是普通学生也能远早于毕业年龄之前能流畅地阅读古典散文和韵文,还能充分掌握这两种文字的文法结构知识,这样的话,我们要实施科学教育也能有充分的时间了。这话题还可以继续深入说下去。虽然我认为(教学改革)完全有实践的可能,但是与乔治·斯蒂文森(Greorge Stephenson)当年向公众宣传他的铁路时的态度一样,我还是有点顾虑的。他把计算出来的蒸汽火车每小时平均速度说成10英里。因为他担心:如果他介绍时把平均速度说得比这要快,那些自以为讲求实际的人,有可能把自己批判成不可信任的人、狂妄的人或梦想家,人们将会不愿意倾听他所有的话语。铁路的事情,其结果本身就能证实谁是真正讲求实际的人。我不准备预测我们讨论的关于语言习得的问题将会有怎样的结果,但是我可以说,我确信假如能合理地教学这两门古典语的话,就能够挤出学校课程体系中必要学科的教学时间,所以没有必要取消这两门古典语科目。

人们一边立足于以最大效率来教学——这是个默认的前提,一边对人的学习能力的评价却是难以置信的低下。所以请允许我对此再说些自己的观点:这种狭隘的思想方法不仅贬低了我们的教育埋念,而且假如我们认可了这种思想方法,对人类未来的期待会变得非常消极,会感到黯淡无望。我想,人类在严酷生活环境中若仅为了解一种事物而努力,那么,随着人类社会各种各样事物的增加,人的知性最终将会变得怎样呢?人类必须掌握的事物，随着世代的延续，以前所未有的速度增加起来。今天知识的各个领域充满了更多、更详细的事实，于是，想详尽、正确地知道某一个领域知识的人，只能被限制在了解这个领域整体中很小的一部分。而且科学和技术完全细细地分化成许多分支，各个人所分担的部分、各个人完全知道的领域，与有用知识的全部领域所成的比例，犹如安装针头的技术与人类产业界的整个领域所成的比例那样。如果一个人为了完全知道那些细微末节部分，就必然对以外领域一无所知，不久以后，人们即使能够满足如此细小的欲求和求知欲望，但就人类其他欲望来说，他岂不是完全失去存在的意义了？人处于这样状态下，会带来比单纯的无知更坏的结果。根据我们已经有的经验可以知道，如果只埋头研究一种学问，对其他所有的学问与研究不闻不问，必然导致人类精神褊狭而误入歧途。这种情况下，精神内部孕育出对特殊研究的偏执，伴随而来的是那些视野狭隘的专家们都丧失理解、评判宏观事物及其根源的能力，并具有一种共同的偏执。我们不得不这么预测：所谓的人性，将越来越因只能熟悉细小的事物而渐渐萎缩下去，一旦面临重大的事物就不能适应了。然而，今天的事态还没有恶化到这种程度，这么暗淡前景的想象还缺乏根据。人类能获得的最高的知性，并不是仅仅知道单一事物，而是能够把有关一种事物或几种事物的详细知识与相关的多种事物的普遍知识结合起来。我所说的普遍的知识,并非仅是一种茫然的印象。这所大学传授的课程所使用的教科书《逻辑学概论》的著者霍埃托利大主教[20]是位优秀的学者。他机智地区分普遍的知识[即博雅教育、一般教育所传授的知识——译者]和表面的知识:拥有关于一个课题的普遍的知识,不仅掌握了其主要的真理,而且真正认识到这一课题的重要之处,不满足于表面的真理,而是彻底掌握了这些真理。可以把那些琐屑的事物交给那些认为自己的专业很必要的人去研究。要求对跨越宽广领域的各种各样课题能在某种程度上了解,与要求以某一课题为主的研究者们对这样课题能完整地把握,两者绝不是两立的。也正由于这两者的结合,才会产生受到启蒙的公众,他们是有教养的知识分子,每个人都能从各自研究领域获得的知识中学到真的知识,另一方面,对其他领域的课题,他们也都掌握足以能知道谁是熟知这些相关领域的学者的知识。我们不能低估能做出正确判断其他领域值得信赖的人是谁所需要的知识量。假如各种重要的学术原理广泛传播到普通民众间,这些在自己学术领域到达顶点的人们拥有了能认识到自己出类拔萃之处的公众,并且后者甘愿接受他的引导。于是,他们也能够形成对现实生活中关心的重大事情具有制造舆论、引导民众向上的能力。人类精神能处理的课题中最复杂的事物是政府和公民社会。作为不是盲目追随单一政党的人,作为有思想的人,为了能正确对待这两个方面,不仅需要涉足精神生活和物质生活两方面重要事物的普遍知识，而且，对于他们来说，还需要一种通过训练、锻炼才能形成的理解力。光凭生活经验、某一科学或者某一领域的知识，即使在已能运用正确的思考原理和法则的阶段，也不能提供这种理解力。为此，我们要重新认识到：学习目的不是掌握一些对将来工作起作用的知识，而是对关系到人类利益的所有重大问题有所了解。我们关注于正确把握这种知识——划清确实理解与并非如此之间的境界线。我们的目的是学习对自然和人生宏观的、正确的观点，并在心中牢牢铭记把时间浪费于实际不值得为之努力的琐屑事物实际上也就是怠惰。

但是，这并不意味着普遍知识（而非专业知识）的每个有用分支都要被包括在学校和大学的课程中。有些东西最好放在学校之外，或者学校生活结束之后（包括在苏格兰大学的生活）。我不赞成教育改革者们提出的在大学教学课程中把现代语言作为必修课程的意见，并非因为我不太重视现代语言这一知识，在现代那些不懂法语、不能从法文读物中获得乐趣的人不能被看作接受了充分教育的人。当然，能熟练运用德语也是非常有益的。但是这些活的语言在日常生活人际交往中，远为更加容易掌握。[21]在某个国家只逗留几个月，有效活用这段时间学外国语，比在学校学习几年会有更大进步。从而，对于利用这种快捷方法的人来说，通过教科书和老师的教授学外语实际是浪费时间。不久的将来，国际性的学校和大学里会有更多的人能利用这种方法。假如大学能提供现代语言的基础——古代语言(拉丁文),大学中的现代语言的学习也会变得容易起来,这样的教学能充分发挥它的功能。因为与没有古代语言基础时只学习一门欧洲大陆语言相比,习得了古代语言之后,再要学习四五门欧洲语言[22]就会变得容易得多。

除了为那些从学校毕业之后很少再接触书籍的工人阶级子弟在小学开设历史、地理课程另当别论,我认为在学校中设置这些课程非常愚蠢。你们曾见到过不是自发读书而真正学习历史、地理的人吗?因为在所有的知识中最富有魅力的也是最容易理解的历史和地理,是可以通过自学习得的知识,所以我不得不说,不培养学生必要的读书习惯及以读书为快乐的趣味的那些教育制度,在中学设置这样的课程完全是失败的。大学是引导学生走向"历史哲学"的场所,即大学不仅是让学生知道各式各样事实的场所,还成了用理性的光芒照亮这些事实的教授们向学生开示人类过去发生的事件的原因和尽力说明其各种要因的场所。历史批判,即验证历史的真实,也成了这个教育阶段应该诱导学生去关注的课题。如果纯粹是为了每个懂得用脑子并受过教育的年轻人必须学习的、已被大众接受的历史事实的话,让他随便去历史图书馆逛逛不就行了吗?对诸如此类的一般知识,他需要的不是老师,而是能读到足够的书。

从而，在一般教养课程中唯一能排得上号的语言和文学课程就是学习希腊文和拉丁文文学，我认为今天可以让这些学科继续维持它们在课程中所占据的位置。这一立场是因为考虑到教授母语以外的各种洗练的言语、文学知识具有很大的教育价值以及这些言语、文学具有独一无二的独特价值。

从言语有关的知识能获得一种纯粹知性的益处，我想再专门稍微谈谈这个问题。为人类所犯错误寻找原因、真正反省的人，都会深刻地感到人类具有把话语错当成事物的倾向。不用特意对言语这个主题进行形而上学的考察，当一个人不经意地使用言语或者听别人说话的时候，其说出的话语所指的事物，并不是具有某种明确的概念，但是我们平时就都这样接受了，我们都知道为何经常有这样的事情。借用霍埃托利大主教的话来说，就是他所说的"人们把习以为常的事物当作准确的知识"——这种思维错误是人的一种习性。我们几乎都不深究每天接触到事物的意义，同样的道理，我们的耳朵一旦对某一言语的语句和声音习惯了，不会对这样的声音传达给我们心中明确的概念抱有疑问。当我们要对这概念作一个明确的定义时，或者想用其他话语来表达由这声音理解的意思时，意想不到竟然会面临非常的困难。我们现在已经知道，可以经过把某种语言正确翻译成别的语言的训练，通过确认一个人并非从幼年以来一直使用的、习惯了的谚语所表示的语义的训练来矫正这种坏习性。古代希腊人显示其惊人才能的证据：他们并不知道母语以外任何语言，却在抽象思维领域留下了光辉的业绩，可是即使古希腊人也毫无疑问受到了他们所使用的语言缺点的影响，就连希腊人中最伟大的知识分子、建构其哲学和其他所有知性教养基础的柏拉图、亚里士多德也都不断被言语所迷惑。比如，把语言表达形式误作存在于自然中的真实关系，因为他们认定在希腊语中各个同一名称的事物其本质也必定是相同的。霍布斯有一句名言具有深远意义，随着你们的知性发展成熟，会高度评价这句话的意义。他说："言语对于智者来说，只是数目的符号；对于愚者来说，则是货币。"[23]总之，对于智者，言语只表达了事实的表象，而愚者则把它看作事实本身。如果再把霍布斯的话进一步作一个比喻的话，那就是对于用惯了各种各样符号的人来说，言语只是一种数目符号。与今天我们能看到的学得其他文化语言的好处相比，我在这里要说的是，更加重要的一点：假如我们不懂某一国家语言，实际就不能了解这个国家的人们的思想、情感和国民性，一个人若不知道有关其他国家国民的知识，终其一生只能开发自身一半的知性。想象一个至今未曾离开自己家的年轻人，他做梦也不会想到世上还存在与自己学得的观点和思考方法不同的其他的观点和思考方法，这样的人就算听到了与自己不同的观点、思考方法，总是认为其他的观点和思考方法存在道德上的缺陷、品质低劣，或是缺乏教养的产物。如果他的家族是保守党党员的话，完全不能想象他会成为自由党党员；相反，其家族是自由党党员的话，他也完全没有可能成为保守党党员。一个家族的思想方法和习惯也会影响这个与家族以外的人完全没有接触的少年，同样，自己国家的思考方法和习惯也会影响对其他国家一无所知的人们。从而，所有与自己的思想方法和习惯不同的东西，在他心中都是难以理解的、异常的，怎么也不会想到与自己想法不同的东西也可能是正确的，或者与自己的某些想法同样接近真理。原本应该向其他国家学习很多东西，他却对所有国家闭上了眼。不改变这种态度的话，甚至一个国家仅依靠自己的力量能够取得的进步也会受到阻碍。我们绝不会改变自己的观点、修正自己的思考方法，如果我们不先认识到改变和修正是有可能的。只想到外国人与自己不同，不去思考外国人的想法为何与自己不一样，不去理解外国人正在考虑的东西到底是什么。于是，我们的自大不断增长，我们的虚荣心只是为了保住自己国家的特殊性。所谓进步，是我们的观点一步一步接近与事实一致，只要我们还在使用被染上自己观点色彩的有色眼镜来观察事实，无论何时我们都不会有进步，那是因为我们不能从先入为主中解脱出来。除了经常戴上其他国民与我们不同的有色眼镜来消除我们先入为主的观念之外，别无他法。这时候，假如其他国民所戴的眼镜的玻璃颜色与我们的截然相反，那是最好不过了。

如上面所说，了解其他拥有文化和文明的国民的语言和文学是极其有意义的，对于我们来说，在这一点上最有价值的不外就是古代语言和文学。具有现代文明的欧洲各国国民之间的相异之处，还不及古代希腊、罗马人与现代欧洲各国人之间所有的差异来得大。同时，我们与古希腊人、罗马人的相异，远远没有与住在彼方的东方人之间的差异大，了解古代希腊、罗马并没有像我们理解东方人需要花费毕生精力那种隔阂的程度。即使这是从关于古人的知识中唯一的收获，单凭这一点，已经足够使得关于古代人的研究在人文、博雅教育科目中占有高出其他课程一头的地位。有人提出：通过现代著作不也能了解古人吗？这是无意义的主张。虽然那么做聊胜于一无所知，但是通过现代著作毕竟不能学习古代的思想。在现代著作中能学到的不过是一点现代人著者的对古代思想的见解，古希腊人、罗马人决不在现代的著作中呈现出来。现代的读物中只是著者对古希腊人、罗马人的现代的解释。通过翻译的地方不能对理解起到很大帮助的作用。真要知道那时候的人考虑什么、说了什么，必须直接倾听那人亲口说出来的东西。实际上，我们不能相信他人转述的某人说了些什么之类的印象，要直接倾听他的话语。在他使用的语言与转述者语言不同的时候，直接倾听他的话变得尤其必要。现代语的表达方法绝不能正确传达古希腊人撰写的东西。除非采用无论哪个翻译家也都不采用的冗长说明、反复啰唆的表达之外，也许是无法传达古代作者的本意的。为了在头脑中描绘出古希腊人的思维方法，某种程度上借助古希腊语来思维是必要的，不仅在形而上学深奥的领域中是这样，即使有关政治、宗教，乃至日常家务事，可以说也是如此。我还要尝试谈谈这个问题其他一些侧面，我并不是最初关注这问题的，但是在我记忆之中，迄今为止我未曾读到过涉及这问题的著作。再也没有哪个知识门类像历史那样要求拥有第一手记录，要求探求本源了。可是，我们几乎都不是这样了解历史的。我们有关历史事件的知识都不是从历史的第一手记录获得的，而是从有关书籍中学得的。这样的书所叙述的不一定是事实，只不过是现代人或者稍微早一点时代的人的精神所构成的、关于事实的某一观点。当然这种书也是非常有益并且有价值的，能够帮助我们理解、解释历史，从历史中推导出正确的结论，至少也向我们显示了全面向这个方向努力的实例。但是这些书的这一努力本身绝不是历史。从这些历史书中获得的知识（并非有证据的知识）是因为读者相信这类著作，这些读物即使竭尽全力，能给予的知识也是不完全的、偏颇的。因为这些书中的知识有其局限，仅仅是极少数现代著者从史料中发现、从史实中挖掘出他们认为有价值的东西。我通过休谟（David Hume）[24]、哈拉姆（Henry Hallam）[25]、麦考莱（Thomas Babington Macaulay）[26]学习我们祖先的历史时，知道古代人的言说只是占了与我们同一时代著者的著述或文献的极小一部分，所以从今人书中能得到的知识也就少得可怜。最近的历史学家已经充分注意到这一点，他们在自己著作每一页，写满了从第一手史料中选出的引文，认为这些引文才是真正的历史，他们的阐释和叙述部分不过是一种辅助手段。于是，我们通过研读古希腊文、拉丁文，运用原著来学习历史——这样的研究，就具有特别大的价值。我们研究这些历史，可以在当下接触那个时代的精神，可以不依赖中介传闻完成了，我们手里有了验证近代历史学家所叙述的历史再现的素材。也许有人会就此提出为何不研究近代史的原始史料这样的质问。对这一质问，我的回答是：这也正是我非常希望做的。我甚至还要补充一点：研究近代史时，已经成了死语言的拉丁文的研究还是必要的。因为宗教改革以前的几乎所有记录和之后的很多记录都是用拉丁文写作的，涉猎这些文献是非常有益的研究。可是这样的研究不能成为我们教育的一部分。暂且不说这些记录庞大的数量及其具有片断的特征，最大的原因我们都知道：通过相对晚近时代的著述家学习他们那个时代的精神，我们几乎学不到什么，因为这些晚近著述家撰写的著作，除了若干例外，几乎都没有值得阅读的价值。但是，我们研究古代伟大著述家时，我们不仅理解了古代精神，甚至还能够积累对今天的我们也有价值的、前人贤明的思想和省察。与此同时，我们还会熟悉迄今为止人类精神孕育出的最完美和最完善的文学作品，即使在人类改变了生活环境之后，依然因其具有永恒的文学价值，成为流传千古无与伦比的精品。

即使仅仅作为一种语言，近代欧洲各种语言中，没有一种像古希腊文、拉丁文那样既有规则又很复杂，对训练知性具有价值的语言。在这里，我们稍稍考虑一下文法到底是什么？所谓文法，是逻辑学的基础部分，是思维过程分析的第一阶段。[27]文法的原则、规则，是为了使言语形式与普遍思维形式相对应的手段。各种词类之间的区别、名词的格之间的区别、动词的时态和语态的区别、分词的功能区别不仅是词语上的区别，也是在与思维上的区别；单一名词和动词表达各自的对象和事象（events），这些词大多是根据感觉掌握的。但是，名词与动词结合的形式，表达对象和事象之间的关系，这种关系只能凭借知性来认识，各种各样不同类型词结合的形式其实是一个一个对应关系。所有句子的结构都是一堂逻辑课，句法（syntax）让我们知道了区分命题的主语和谓语、命题的行为主体与行为客体的区别。根据这样的规则来决定：什么样场合的概念去限定修饰其他概念？或者只是概念与概念的结合？怎样的判断是定言命题？怎样的判断只是假言命题？文章表达的意思同义关系还是对比关系？还有，复句的判断是一种并列关系，还是选择关系？句子的哪个部分能决定尽管它文法完整，只是整个句子表达判断的一个部分［单句——

译者]？还只是复句中的一个从属部分？这些问题构成普通文法（universal grammar）的主题。而且，最能教会我们掌握这类主题的句子，都是那些最具有确定性的规则、对通过思考能够区别所有事物能给予明确形式的句子。如果我们因忽视不去细心注意这样的形式，就必然要犯文法上的错误。在这个特征上，古典语言与现代语言相比，即死亡了的语言与现代语言和其他所有的具有文献研究价值的语言相比，有无与伦比的卓越性。

但是，从教育的价值来看，文学作品具有的卓越性远为更加重要。我们还清楚：即使是它们所传达的内容仍然保持着巨大的价值。诚然，古人的科学发明已被大大超越，即使还有价值的部分也被现代理论完全吸收。但是有些东西不适于被整体转移，甚至部分转移也很困难，它们就是古人积累起来的所谓生活智慧。这就是关于人类本性和行为的经验知识的积蓄。换言之，因为得益于当时简朴的生活方式，那个时代的慧眼才能对人类本性和行为进行更加敏锐的洞察，通过著述形式把它们留给我们，而且大部分依然保持原有的价值。比如，修昔底德（Thucydides）[28]的演说；亚里士多德的修辞学、伦理学和政治学著作；柏拉图的对话篇；德摩斯梯尼（Demosthens）[29]的雄辩；贺拉斯（Horace）[30]的讽刺诗，特别是他的书信；塔西佗（Tacitus）[31]的全部著作；古代世界最高的有关所有教育问题思想宝库——昆体良（Quintilian）[32]的伟大著作。还有，虽然没有正式的形式,可是古代历史学家、雄辩家、哲学家以及剧作家留给我们所有著作,充满了其所表达的适用于公民生活或私人生活两方面非凡良识和洞察的名句、箴言。比起这些著述中的真理,书中对追求真理的鼓励和帮助甚至更有价值。无论在激励还是训诫富有探索性的头脑上,任何人类的作品都无法与辩证法相比。在这方面,亚里士多德的许多作品提供了理论,而柏拉图的则展示了实践[33]。因为直接验证实验,或很困难,或不可能,围绕它们依然有争论,但是这些著作显示了对于我们来说极其重要的问题——如何在教训和实例两方面探究真理的方法。这一点,也是无论哪种近代著作都远远不及这些古代著作。他们对任何事物都尝试怀疑,无论遇到什么困难也不回避、遇到思考中存在无论哪种谬误、矛盾或混乱绝不粗心忽视,无论是自己的学说还是他人的学说,若不经过否定、批判的严密考察,都是绝不能容忍的。而且,在实际使用一个词之前,在认同一个命题之前,必须清楚地理解这个词的意义和这个命题的意义。这些都是我们从古代辩证法理论家学来的教训。他们强烈地把这些否定的要求放在眼前,但这些教训中没有任何会助长人们忽视对真理实际存在发出疑问的怀疑论,对真理的探究之重要性的东西。探索真理、把真理当作人类最高目的——这种高贵的热情渗入每个古代著述家著作中。这方面,亚里士多德也同样不亚于柏拉图。当然,在向他人灌输那些感情方面,没有人能与柏拉图匹敌。所以,我们在把学习古文作为最好的文学教育之时,也就是在为了伦理学、哲学的教养打下出色基础。在纯粹的文学成就上(即形式的完美),古人的出类拔萃是毋庸置疑的。无论涉足哪个领域(实际上他们几乎涉足了所有领域),他们的作品都像他们的雕塑一样,成为现代艺术家的最佳典范。近代最伟大的艺术家也都混杂半绝望的心情,以赞赏的眼光仰望先人。对于近代艺术家来说,古希腊人的作品是引导他们进步的、犹如天上的光芒具有无限的价值的经典。历史学、哲学和诡辩术也是如此,即使散文和韵文、史诗和抒情诗乃至戏剧领域,他们也高高在上,处在巅峰。

这里我还要谈谈有关形式,即有关素材处理方法的艺术完美性的话题。那是因为我认为在内容上,就如近代科学在深入自然的奥秘这一点上,远胜过古代科学那样,近代诗与古代诗之差别,虽然没有像科学那样一目了然,可是近代诗也比古代诗要来得优秀。与古代人所持的感情相比,现代精神中的感情更加多样、复杂、丰富多彩,与古代精神不同,近代精神已经成熟了,出于自我意识,这种自我意识的冥想所触及的人类灵魂深处,是古希腊人、罗马人不能想象的,即使能够想象,也不能完全理解。但是,古代人能用精致的形式把自己想表达的内容表现出来,这一点上,近代最伟大的著述家也不能在形式完美方面与古代同行对抗。当然,那是因为古代人受惠于其比近代人拥有更多的时间,我们不能忘记他们是为了那些特权有闲阶级撰写著作的。而为急于快速阅读的人们匆忙写作今天的著述家,假如像古人那样追求完美性精工细雕慢慢地执笔,恐怕就要大大地损失时间了。虽然我们所处的环境决定了我们无论如何努力都无法比得上古人,但这并不影响熟读经典的意义。也因为存在这些完美的经典,我们还至少能知道优秀的著作是怎样的,它促使我们去追求这完美性,在力所能及的范围里——只在这样的领域里去努力接近这些经典。这些经典正是古人赠予我们的珍贵的礼物,假如说他们杰出的作品没有给我们复制的余地的话,那么也就等于没有给我们直接模仿的余地,所以它们变得更加贵重了。这不是可以学会的小技巧,而是手段与目的间的完美对应。伟大的希腊和罗马作品的秘密来自作者完美的感悟能力。首先,他们绝不使用无意义的词语,不使用不能补充什么意义的词语,行文中他们的词语经常保持其最初的词意。总之,他们先是知道自己想说的事物。以没有更正确、更完美的措辞来表达,以最大限度的明了和鲜明形式来倾诉自己的心愿,是他们写作目的的全部。将从内容中抽象地分离出来的样式看作是美的,在他们那里是不能想象的。对于他们来说,作品之美总是从属于内容完美的表达。古代的批评家们特别送给贺拉斯"以表达精妙为乐"[34]之赞辞,正确表达了他们目的;斯威夫特用"适所适语"[35]评价古人的文体也是一语中之表达。就如读过德摩斯梯尼演讲的人都知道的那样，他的文体本身没有什么引人注意的地方。我们若详细分析，会发现为了自始至终顺利地诱导听众到达演说者指望的精神状态，每一句话都是使用必须的词语，而且恰到好处使用在必须的场所。作品的完美性表现在其中没有一点损伤和欠缺，此时阻止思维及感情流露的、哪怕是瞬间偏离作品主题的词语一个也没有。但是正如至今经常被提起的那样，这时候德摩斯梯尼的目的并不是想得到来自雅典市民"杰出的演说家"之类的赞词，而是想要激励雅典市民说出"让我们向腓力军队开战！"那样的誓言。仅仅为修饰而修饰，是发生在古希腊文学衰退之后的事情。希腊文学全盛时期，修饰语被插入并非纯粹因为那样显得美观。人们认为单纯的文学叙述不加修饰已经足够了。他们认为这样的文学已经够完美了，所以不使用形容词。他们认为卢坎（Marcus Annaeus Lucanus）[36]在叙事诗中频繁使用的纯粹描述性修饰语腐蚀了风格。除非某个词能表达出想要的特征，并且按照文章立意把对象呈现出来，否则它就不该出现。只有先满足这些条件，才能考虑表达形式之美，如韵律和旋律，它们只是附加效果。可是，希腊伟大的作家们都知道，仅仅以修饰来吸引读者注意——所谓的为了修饰而修饰，只有在将人类精神与作品主题相分离的时候才有可能存在。最终，他们把这样的修饰不是作为单纯的一时兴奋之产物，不仅被看作妨碍重要内容传达、妨碍被普遍承认的人类言说表达更高目的，还看作破坏艺术作品完美及其统一效果的写作方法；他们都知道这样做反而会有损于文章。这正是我们从古典作家那里应该学习的文章写作方法及第一个大教训。第二个教训是文章不能冗长。修昔底德仅仅在一小段描写中就能鲜明再现某一战场实际活生生的场面，这样的描写只要一次铭刻在我们心中，就会达到再也不会忘记的程度。恐怕在所有历史文学中也是具有最强感染力的故事作品是修昔底德的《战史》第七卷描述的西西里的破灭，其所占篇幅甚少，只有寥寥数页，不能不让我们惊叹。古希腊人极其认真地写作，文体实在简洁至极。相反，现代作家几乎都不愿意煞费苦心，所以文章体裁变得非常冗长。古代伟大的作家，能用极少文字或语句来完美地表达一种思想。现代作家不能明了、完整地表达思想，文章变得叠床架屋，对文中各种内容添加了不少多余的说明，以至于一篇文章最终也不能充分表达自己的想法。为此他们不断加入新的词句，以为这样就足以使读者理解了，可只是徒劳的烦琐重复。这样的状态，今天不仅没有改善的倾向，反而在继续恶化。那不仅是我们没有充分的时间，缺乏耐心，还因为自己的著作几乎都是面向非常忙碌、没有受过充分教育的一般大众。现代社会生活，需要完成的工作和处理的材料变得如此庞大，以至于人们真想就特定问题发表见解，或者说传达某种信息时，也没有多余的专心创作杰作的时间了。如果我们今天连曾经存在什么样的杰作也不知道，或者他们客观上存在，而现代人不知道，情况恐怕比现在还要糟糕。从幼年开始熟读完美的作品，与不是这么去阅读相比，可以减少因为全是接触那些不完美作品受到的坏影响。总之，因为高水准的优秀作品的存在，会产生一种明显不同的结果：我们的作品不致陷于平庸，也能成为不错的著作。

如上所说，古希腊文、拉丁文两种语言及其文学作品作为普遍教养的一环，即人们没有被迫在少年时期就出于生活原因放弃学问而接受的教育，保持其在今天教育中所占的地位是很重要的。但是，与支持古典研究在普遍教养中的地位一样，出于同样的原因，另一方面，也暗示了其相对于古典研究的局限。学生毕业后若要进一步得心应手阅读古典文学杰作就应充分进行古典研究。有充足的时间，想继续学问深造，志愿攻读古代史、普通语言学等专业的人，必须在接受普遍教养之上从事古典研究。但是，普遍教养完全没有这样的余地。英格兰实施古典教育的中学，极大浪费了授课时间，因此受到无论多严厉批评也是没有办法的事情。花费了青少年最贵重的岁月，只能教会他们写点拙劣的拉丁文、希腊文的韵文——为了这样的学习而浪费无法追回的年华。[37]即便也培养出在毕业前能用古文熟练作文的学生，我最终也不认为这样的教学给这些学生带来什么益处。让幸运具有才能的人们把时间和精力花费在"通过艰难思考去学这种琐屑的东西"没有必要——这种观点屡屡诱发我禁不住发问：这样的话，是否因为世上重要的事情全都被做光了？

我也从未想过无视作为正确地学习某种语言的一种手段的作文的效用。而且，我自己也知道没有其他能与这媲美的有效用的方法。但是，我为何要说单纯训练散文写作是不充分的？如果是一个一点也不具有应该表达的思想的学生，不幸的是他们只会由此养成了单凭假借来的语句机械地作文的坏习惯。本来教师应该把不能让学生养成这种习惯作为自己的首要义务。单纯背诵经典范文句子，胡乱套用写出来的文章被叫做"用经典拼凑成的文章"。哪里有必要写这样的文章？最适合学习者需要的作文练习，是把文笔优美的作家译文重新还原翻译成古文——是最有效的方法。经常再增加些欧陆的学校今天仍在实施的拉丁语会话练习，教学会更有效果。如果说写作韵文对赏析古代诗歌有必要的话，那么，也不能绝对断言花费在这上面的时间完全是徒劳的浪费。可是假如投入没完没了的人生代价而只是获得赏析诗歌的愉悦，我们甚至也可以放弃欣赏诗歌。还有，假如伟大的诗歌之美，只能让我们了解其创作技法之巧妙，它的美则成了远离真正美的那种贫弱的东西了。诚然，对于诗人来说，技巧也是需要的，但是，对于我们来说，并非是必要的。评论诗歌时，技巧是必须考虑的，可是鉴赏就不需要懂得技巧。我们所必要的是精通语言，只要能够流畅地理解诗人有意为了增加效果诱导人们产生联想的词义。古文精通到了这种程度，加上聆听诗歌也受过一定训练的话，那么即使不知道萨福(Sappho)[38]或阿尔凯奥斯(Alcaeus)[39]的押韵规则，也会完全懂得欣赏维吉尔(Virgli)[40]、贺拉斯、格拉伊(Gray)[41]和彭斯(Burns)[42]诗的韵律。当然，我并不是说不可以教授诗歌韵律规则。我只是想说，如果要讲授诗歌韵律，可以开设特别课程，不是可以把它作为选修课吗？而不是作为必修课。

本来还想继续谈点属于博雅教育一部分的古典教育和文学教养的普遍性的问题，现在改变一下话题，谈谈科学的有用性，不，应该更严格说，科学是绝对必要的。现在希望知性教育有所提高的所有人都提倡科学。科学提供的知识其本身就可以证明科学教育的有用性。世界与我们人的意志无关，即各种各样的现象都是在根据一定法则诞生的世界里发生的，而且这些法则在我们什么都不知道的情况下出现在这个世界上，命运让我们居住在这个世界上，必须在这里从事各种各样的活动。我们的工作能力，是根据是否掌握关于这个世界各种法则所决定的，换言之，我们根据利用这些法则劳动，在这些法则之下工作，取决于我们是否了解自己劳动涉及的各种事物的性质。事实上，我们所具有的知识的大部分是得益于终其一生把在各个领域获得知识作为自己工作的人们取得的成果。另一方面，关于科学真理的基础知识，只要还没有传播到普通的人们中间，一般大众，绝不会知道什么是确实的,什么是不确实的;或者不知道谁是这方面的权威,谁不具有这种资格。结果,一般大众或对科学证明完全失去信赖;或成为被撒谎者、诈骗者所欺骗的蠢人,两者必居其一。于是,一般大众因为无知只能处于反复穿梭于不信科学与盲从之间的状态,几乎都是错误的盲信。另一方面,终究还是有一些不想去理解眼前发生的、常见的物理现象之原因的人们。这些人也不想知道以下诸如此类问题的原因,比如,水泵为何能从地下汲水?杠杆为何能撬起笨重的物体?为何热带气温高?南北极地寒冷?为何月亮时明时暗?为何潮起潮落?等等。对这类事都没有这种追究原由求知欲望的人,哪怕他对其专门职业非常熟练,也不是有教养的人,依然可以被看作是无教养的人吧!为我们提供有关宇宙最重要的知识,确实是教育的重要功能,这样我们不会因无法理解而感到无趣,以至于将周遭的世界看成一本打不开的书。但是,弄懂这些生活中常见的事情的原理,不过是科学有用性最明白、单纯的部分。即使有人青年时代没有接受过这种教育,以后还是很容易回头得到补偿的。与此相比[指与接受关于生活知识的教育相比——译者],科学教育的价值远为重要:这价值在于为了让一个人能把知性适用于自己的工作的训练过程、锻炼过程。事实是我们知识的素材;而精神是制造知识的工具。积累事实方法要比判断如何从事实来证明、如何从已知的事实迁徙到未知的事实等要容易得多。

贯穿人的一生的知性，最活跃、最持久发挥作用是在探索真理时，不断要探究什么是有关某一事物真正的真实，对我们来说是必要的。并非我们所有的人都能发现照亮全部人类和以后世代的普遍真理之光。但是，如果我们改进博雅教育，那么今后有能力完成这种发现的人会比现在大幅度增加。总之我们必须掌握对那些被作为重要真理提出来的、相互对立的见解下正确的判别能力。比如应该选择何种教义？应该选择托利党，还是应该选择辉格党，或者选择激进派？——我们要有这样的判断能力。还有，面对有关立法、国内政策等重大问题，必须掌握能有说服力的合理解释，我们也有必要习得解决诸如此类问题的能力。比如，应该怎样决定殖民地政策、对各国的外交应该持怎样的态度，等等。懂得如何判别真理的方法之必要，绝不仅仅限于今天我讲到的这些比较重要的问题，我们关心的所有的事情，对于我们来说都是贯穿一生的重要的工作。假如我们是个农民就想知道什么能改良土地；假如是个商人就想知道什么商品能在市场上产生影响；是个法官、律师、陪审员的话，就想知道究竟谁犯了法，可以争取的权利究竟属于谁。当我们人生处于某种状态之中，要改变人生决定或不得不重新下决心的时候，假如我们对自己所作决定的根据一无所知的话，那势必要犯错误。因此，粗看这样的真理的探索有各种各样，可根据各种主题有其独自的真理探究，然而，无论怎样的场合接近真理和验证真理的方法，几乎又都是一样的。发现真理无非两个途径：观察和推理。当然实验也包括在观察之中。我们无论谁都观察、都推理。所以，无论谁获得成功，尽管各人成功多少总有点差别，却都是验证了真理。问题是当下我们的大部分人观察和推理都十分拙劣，不能借助那些高明的人之手，就不能确认真理。假如我们不能开展这样的观察和推理，我们只能成为掌握这种能力的人手中的工具。他们把我们看作奴隶也不是不可以。到底怎样才能学得最好的观察和推理的方法？过去通过观察和推理取得发现真理成果的事例都是范例。我们所知道的观察和推理这两个获得真理的过程能达到最高水平成功的是在自然科学领域。古典文学给我们的典范是完美的表现形式，而自然科学为我们提供完美的思维形式。数学、天文学和自然哲学（物理学）是典型的由推理来发现真理；实验科学是通过直接观察发现真理的最典型事例。相信所有这一切中的科学研究手段，是因为通过这些手段推到的结论是以后能够验证的、被证明了的真理。在不能容易地采用与自然科学同样的验证方法的场合，我们想要掌握识别真理的能力，首先可以从事数学或实验科学研究。

两个人之间在知性上可能存在的最根本性差异是什么呢？那就是正确判断的能力。我们能直接看到的真实的范围极其有限，换言之，我们的直觉、或者用先前的话来说——通过"单纯理解"[43]能够知道的事物非常有限，若要获得有价值的指示，就不得不依赖直觉之外的证据。可是，大部分的现实，都不能依赖视觉来诉说，视觉获得的信息几乎都不能成为做出正确判断的证据。因此，纠正或减少这一显见的普遍的缺陷——几乎成为所有纯粹知性根底里具有的缺陷，正是知性教育的最重要部分。为了有效实施这样的教育，有必要动脑筋运用所有可能的知性训练方法。作为教师无论谁都知道有三种方法组成这样的训练：第一是范例，第二是规则，第三是充分的实践。科学提供了判断什么能成为证据范例，规则是在科学内部被提示出来的，科学研究是以实验为核心的。

先以数学为例吧![44]我们主要是通过数学认识到这样的事实，即推理的确是通往真理之途，任何真实的并通过验证可以确定其真实性的东西，可由纯粹的思想活动获得。可是，中世纪经院学派学者们滥用推埋，他们认为没有确认其前提，或者通过观察不能确证其结论，只是通过论证也可能想定自然界的事实。其实，近代人的精神，特别是英国人的精神中已经植根了一种对推理这种演绎法不信任的观念。随着数学逐渐被应用于自然科学，即应用于发现外部自然各种法则的工作中去，于是其推理过程也慢慢地还原到"知识的源泉"那种本来的地位。到此为止人们对推理的不信任延续了很长时间。这种不信任的倾向也助长了培根的权威为人们误解。[45]纯数学和应用数学，依然对人们提出的问题——推理有何作用给予决定性的解答。其次，我们通过数学，还能够习得为了正确使用推理必须注意的几条基本事项。通过学习初等几何，我们学得两个犹如无价之宝那样的教训。第一个是推理最开始时的前提必须用明了、明确的语言限定。第二个是推理过程中，各阶段必须与其他所有阶段明确分离，在进入下一阶段之前必须是确实的，也就是推理展开的各个部分引入的新的前提必须是明确显示出来的。虽然我们在推理时，并不是必定这么去做，但是它们是我们在无论何时都能够做到的，而且是马上必须做到的。假如我们论证的合理性被否定，或者我们自己对自己的论证有所怀疑时，上述两个教训就是验证的方法。由于这样的方法的适用，我们经常能很快地、正确地找到谬误或纠正思维的混乱。如果这种训练有所积累，我们从最初就能预防谬误和思维混乱。

我们还通过数学最初遇到并且认识到真理是一个相互关联的体系。所谓真理，是在一个一个真理的相互关系中诞生的，个别真理也包含在全体真理之中。某一真理与其他真理有矛盾，无论它是怎样的真理，也是值得怀疑的。从而，只要真理体系不是虚假的话，这个体系的任何一个部分都不会是虚假的。教给我们这一概念的最初是纯数学。应用数学把这个概念扩展开去，运用到物质世界的领域之中。通过应用数学我们不仅知道了有关抽象的数字及其延伸的真理，而且还知道了由我们感觉把握的宇宙的外在事物现象至少在其本质部分也是相互交织在一起的。我们可能从若干基本真理推导出物质对象显示的各种各样的现象，所以我们也可能说明现象，预测可能发生的现象。更加引人注目的是，基本真理本身也是由推理来发现的。基本真理不是由人的知觉来明了的，人直觉能观察范围内的细微事实的集合，要通过作为数学作业的推理才能发现。牛顿运用这个方法发现了太阳系的各种法则。与这发现同时，他为后世人们创造了"科学"的真正的概念。牛顿将推理与观察的结合为我们提供了一个我们所知的最完美的形式。那就是一个法则：用能直接观察到的事实作为中介媒体来支配很多其他的事实。假如我们不仅能说明看到的事物，还能发现把我们眼睛看不到的，绝不能通过观察发现的很多事物，虽然后者一旦被发现，其真实性是很容易被结果验证的。

　　数学和数理科学为我们提供了由推理来确认真理的典型事例。另一方面，不是数学的自然科学，比如化学、纯粹的实验物理学，向我们显示了同样完美的通向真理的途径，即通过观察，而最精确的观察方法是实验。由逻辑推理发现真理的观点中，数学起了很大作用，自古以来数学家们就谈到这个话题，但是也因为过分独断强调了推理的重要性，反而招来极端反对的意见。威廉·汉密尔顿那篇著名的论文就是一个例子。[46]但是最近值得提起的问题是实验科学也具有逻辑价值。事实上也没有比实验科学给予人们的知性训练更加重要的了。实验科学的全部意义在于把我们终身都在做但几乎总是做不好的事情做好。虽然没有人以推理家自居，但谁都承认，并真的尝试过根据经验推理。未曾学过自然科学的人，几乎都是在完全不知道解释经验的过程实际是怎样的情况下，就想从经验得出结论。如果事实一次或数次发生，继而引发别的事实，人们往往就会认为这是做了一次试验，去做这样的说明：一个事实是另一个事实的原因。但是，假如人们能对科学实验赋予更多仔细的注意的话，比如，为了排除所有的与实验对象无关的要素，预先精密周到地设定可能伴随而来的状态；又如，在不能排除妨碍实验的要素的场合，把其可能产生的影响也计算进去；再如，甚至还周全考虑到实验要不包含成为研究对象的要素及其起因以外的任何东西。如果这些方面也都注意到了，你们就不会简单地确信自己的观点能通过经验得到证明。[47]同样，无论谁都经常挂在嘴上的想法，它们的确实性也要大打折扣。因此，我们遇到现在还是模糊的讨论对象事物——如果无论哪一方都拥有似乎正确的理由、双方都确信自己是正确的，可是双方的观点都不是根据证据，而是依照自己的喜好或先入为主的观点来决定的，那么首先必须要打好真正知识的牢固的基础。比如，在政治中，绝不能从直接经验做出带有实践价值的政治判断，这是从事过实验科学研究涉足政治研究的人谁都经常知道的。我们具有的是特定的经验,不过是起验证推理结论的作用,而且这样的验证也还是不充分的。现实中无论哪种力量都可以是推动政治的动力。这里随便举一个例子:比如我们来看看被赋予英国人的自由的各种权利或者自由贸易是怎么回事。假如我们完全没有注意到这些政治力量自身具有会繁荣起来的倾向的话,为何能够知道其中哪一个会带来繁荣呢?假如我们没有经验之外任何证据的话,那么有可能我们今天享受的繁荣是由许多别的原因造成的,不仅不是自由的权利或自由贸易所促进的,或许反而可以说,自由的权利、自由贸易阻碍了繁荣。所有的政治科学都是通过我们关于人性的普遍的经验,或者是从被看作阶段进化的历史过程分析的结果,从所能知道的各种各样倾向来演绎的,在某种意义上演绎是一种优先。从而,对政治科学来说归纳和演绎的结合是必要的。研究政治科学的人必须预先充分接受归纳和演绎这两种思维方法的训练。科学实验有益的作用,是人们熟悉了它之后,至少会对被单靠表面经验暗示的结论抱有健康的怀疑。

一边是数学及其应用,另一边是实验科学,两者是知性最好的实例和典型,通过操练和熟悉它们可以让我们的头脑为知性的主要工作做好准备。无论事物大小,单凭实例和典型是不充分的,规则还是必需的。不管如何精通言说、写作,其所需要的正确文法规则并不是不必要的。同样,不管拥有理论科学和实验科学两方面的知识如何丰富,也不能无视逻辑学的规则。人的一生无论多少次听到正确的推理,也无论多少次目睹巧妙的实验,只要我们没有仔细注意其过程,就不可能凭单纯模仿重复同样的研究。与处理纯粹机械的事项相比,我们容易在处理抽象事项时把坏的工作当成好的。明确区分这两种工作的,是逻辑学领域。逻辑学规定了探求真理的各种普遍原理和各种法则,即精神活动正确地进行,不管本人意识到还是未意识到,实际一定要恪守的各种条件。数学和物理学只有添加进逻辑学之后才能成为完全具有知性的学科。数学和物理学提供实践,逻辑学使之理论化。逻辑学宣布原理、规则和准则;数学和物理学显示它们在自己研究领域遵守这些东西。

逻辑科学中分成演绎逻辑和归纳逻辑两大部分。前者从前提出发推论,后者是从观察得出结论,都是引导走向正确方向的一种帮助。演绎逻辑比归纳逻辑历史悠久,狭义的推理比归纳方法能用更加简易的手法来操作。从而仅仅采用推理进行研究的科学——纯数学,甚至在各种观察学科还处于摇篮状态时期,就已经发展到相当高度了。演绎的各种原理从很早就被人们理解,形成体系了。即使在今天演绎逻辑也可以比归纳逻辑更适合早一些纳入教育初级阶段。为了理解归纳法各种原理,必须预先进行某种程度的各种归纳的科学研究,但是已经被亚里士多德发展到相当高深程度的推理逻辑，也不一定绝对需要某种程度的数学知识，日常生活中的各种事例就足矣。这里还想谈谈逻辑学。演绎逻辑仅就其名词论、命题论和三段论而言，在知性教育领域里再也没有像它那样具有很高价值东西了，没有任何东西能很好地替代它。演绎逻辑的功能主要在消极方面——其功能不是给我们指出正确的方向，而是在于防止进入错误的方向。但是在智力的运作过程中，犯错比正确选择容易得多，即使是最富有活力的头脑，如果不时时保持警觉，注意自己是否走偏了，并且留心所有可能的歧途，那么他也不可能总是留在正确的道路上。[48]

逻辑学指出了所有从正确的前提出发却得出错误结论的可能途径。通过它对推理过程的分析，以及为描述和表达推理提供的形式，我们可以注意到哪些地方可能有谬误产生，或者当谬误已经产生时应该去哪里找到它们。这里我要说的是，虽然推理理论极其简单，要完全掌握有关原理、规则，甚至到达相当熟练运用也不用花费很多时间，但是，这些都不能成为想从事探索某种知识的人省去学习逻辑学的借口。逻辑学可以驱散我们思维上的模糊和混乱，可以一扫被遮蔽起来的我们的无知——某些问题我们并没有理解却以为自己理解了。有人不知道方法却干出了伟大的事业，不借助通常的思维手段，也不能对他人说明白到达结论为止的思维过程，常常因此不能让人心服自己的结论，但是他们确实是能揭穿最深远真理的、却又是"不善言辞"的巨人——我们不要被这样的传闻所迷惑。也许是有完成贤明事业的聋哑人,即便如此,听和说,依然是人类必不可缺少的能力。在座的诸位要想知道自己的想法是否正确,你只要把自己的想法转换为言语说出来就行了。转换为言语正是思维行为的过程,你会发现在这个过程中自己有意识或无意识地运用推理形式。逻辑学强制我们把要说的话语意思转换成明确的命题之后,再把推理运用到每一个阶段之中。在这个基础上,逻辑学要我们注意默认了的前提——假设它们错误的话,推理全过程也就崩溃;它还告诉我们:我们自己的一个个观点,无论在某一个观点之中,还是观点与观点之间都不能产生相互矛盾,即使不能一下子到达正确的思维,途中也不能出现矛盾,这样就强制我们保持清晰的思维。确实,与真理一样,谬误也具有一贯性,也能形成一个体系,但是其不具有普遍性。我们形成自己的观点时,假如没有必须承认的原理及其归结的话,就不得不放弃自己这一观点——这是非常有益的、明摆着的定论。我们在光天化日之光明中探索真理,我们就能朝真理的发现走近了一步。所谓发现谬误,就是把严厉追究的手伸向隐含的一切事项,势必发现其中有与已知的、公认的事实相对立的,几乎都可以确证其结论是谬误。你们经常会遇到或说逻辑学对思维并没有什么帮助,或说不需要学习掌握几个规则的思维方法那样的人。诚然,没有实践的累积,光教给他们几个规则是不能期待他们做什么事情都会有长足进步的。但如果思维实践得不到规则的帮助,那么我可以大胆断言:人类将因此面对巨大困难。人们主要是通过实践掌握拉锯子的方法的,但拉锯子作业毕竟还是有基于其特性的规则的,如果不教与规则的话,那么那个人在自己发现规则之前,就不可能熟练地锯木头。只要存在正确的方法与错误的方法,两者之间必然存在某种不同,而且我们也能够发现是怎样的不同。若一旦发现这不同,又用言语表达出来,所表达的就是作业规则。世上存在轻视规则的人,可是我想要对这样的人说:随便选一项有规则的工作,试试看你在不知道规则的情况下能否胜任。我要对那些轻视学校逻辑学[49]的人们说,还是付出全副身心去学学看吧!不要几个星期,就能使你的思维变得明晰起来,即使处在黑暗之中也不会被谬误绊倒,你很快会明白它不是一点作用也没有。人们并不是一开始就因偏见无视逻辑学。人们出自对中世纪经院学者过度夸大了推理作用之反动所发出的批判,没有对上个世纪几位英格兰和苏格兰的著名思想家产生影响。我相信真正地研究逻辑学、不断地从事这种精神劳作的人,不会不受到逻辑学带来的恩惠的。如果逻辑学中不仅包含了"演绎"还包含了"归纳"的原理和规则——当然应该是这样的,逻辑学一定会受到更高的评价。演绎逻辑学并不只借助演绎就完成了,还需要在归纳逻辑学协助下,进一步避免普遍性的谬误——错误的概括。从一个普遍命题推及另一个普遍命题时容易犯错误的人,在解释自己观察和他人观察的场合更容易犯错误。没有受过逻辑训练的人,想从自身经验引出普遍结论时显得极度无能。训练仅仅局限于某个特定领域,还没有到掌握归纳法普遍原理的人,只要是没有马上能用事实来检验他们自己的推论场合,也要犯错误;其至有才能的科学家没有确认事实之间关系就进入课题时,也会违反归纳法理论从实验经验得出结论和总结。事实上仅仅练习,即便是适当的练习,缺乏规则和原理也是不充分的。所以培根深感规则的必要性,他在深刻理解规则的真正性质这一点上具有伟大功绩。他的理解虽然是有缺陷的,可是这在运用归纳法的各种科学还完全处于初级阶段时,在人们对这种研究方法还未倾注最大努力的当时,也是不可避免的事情。[50] 虽然培根的归纳法并不完善,并且很快被实践超越,但归纳理论真正取得较大发展只是最近一两代人的事情。推动那次发展的主要是杜加尔德·斯图尔特(Dugald stewart)[51]和布朗(Thomas Brown)[52],他们都属于为苏格兰大学争光的杰出人物。

我已经粗略和不完整地概括了教授比较完善的学科所带来的好处,以及当实践这些学科必要的知性能力时,如何正确使用规则。但另一些学科尚处在较为落后的阶段,需要成年研究者投入全部精力。但在大学里开始对它们有所了解是有好处的,即使对那些今后不再接触它们的人来说，了解一点皮毛也是有价值的。首先是生理学，它是一门研究动物生命法则的学科，特别是人体的结构和功能。认为涉及如此困难问题的深奥知识应该是在青年期或者应该作为博雅教育科目的一种来讲授的主张是愚蠢的。但是，不能让这类涉及科学主要真理的知识成为让专家独占的那类学识，这些知识在日常生活中也具有重要价值，近年来围绕公共卫生问题的讨论已经成为家喻户晓的热点[53]：几乎没有人未曾站在权威立场上就公共卫生问题发表自己的意见，未曾参加这一公民运动。人们懂得什么是真正的健康和疾病状态之重要性——因为知道了一旦失去之后，无论花费多少时间、具有何等耐心都不能得以恢复，所以认识到获得、维持健康的知识之重要性，于是，卫生学的基本知识乃至临床医学的某种常识，也应该在博雅教育中教学。对于以高度知性教养为目标的人们来说，更应该鼓励他们研究生理学。在比现在这种程度的教育水准更加进步的状况中，这样的教学真是必不可少的。自然科学的领域中，其他的自然科学学习终究都不能进行与生理学同样高水准的训练，而且，生理学训练能让我们认识到社会、政治领域的难题。科学教育，其专业研究且另当别论，要对有关"人"，对有关人类各种各样的要求和利益做出正确的判断，只是一个准备期。特别是因为在所有学问之中，生理学与被称作"人类的真正研究"[54]的终极研究最为接近，所以也最能被依赖。生理学的主体正是"人"。人是复杂、多样地存在，他们的属性不是完全脱离环境独立的，不是像椭圆、双曲线或硫磺、磷等事物那样——即使时代改变其属性也不变，倒是呈现无限多样性——那些由人为故意造成的或偶然产生的不断变化，相互之间有极其微妙的不同，还通过无数的方法相互作用，所以将人孤立起来仅对他们进行个别观察几乎是不可能的。科学家之中只有生理学家才知道具有这样复杂构造会带来怎样的困难。作为精神存在的人类，无论从哪种观点来观察，构成人体各部分之间的相似，比它们与其他事物之间的相似，程度要高得多。有机世界中的自然研究，与政治-道德现象的研究一样，也伴有不利条件，也是在这样的不利条件下进行的。之所以这么说，是因为双方的实验手段都非常受到限制，面临的事实极其复杂，决定各种结果的起作用的要素过多，所以从普遍的推理诱导出来的结果往往是非常不确实的东西。但是，尽管存在这样的障碍，还是有相当数量的生理学研究最终有可能抵达被充分确证了的、重要的真理。从而，生理学成了其他领域在探索克服同样困难的手段时优秀的向导。

无机的世界和与自然科学有关的科学中绝不出现的道德科学、社会科学中起最重要作用的概念，最初是在生理学中相遇的。比如，所谓刺激因素其实是被区别成因子和素质因子两个概念。所有的精神作用受到素质非常强的影响，如果无视这个要素，就连关于社会、历史的极其普通的事项也说明不了。生理学还是最初认识到习惯的影响,即认识到以前发生的某种事情会在以后再度发生的倾向性的科学。再有,对"发展"、"变化"等词语的内涵获得最明了的概念定义也是自从生理学开始的。动植物从最初的胚胎开始成长的过程成了说明贯穿人类及其社会生活整个历史过程的支配现象——内在力量导致结构扩大、分化之后,带来功能增大起来现象的典型事例。在这里不能继续深入谈谈这个问题,可是如果以上这些话能够为在座各位更加深刻思考抛砖引玉的话,我也心满意足了。有志于研究更高深学问的人,一定会同意我的看法:为精通有机物和生命科学的研究方法和主要概念花费时间绝不会是徒劳无功的。

生理学的上限与心理学或心智哲学相衔接。即使不涉足关于"物质"与"精神"的境界之论争,神经和大脑都与精神作用仍有着密切的关系,研究精神作用的人不掌握相当数量有关人类脑子和神经的知识是不行的。关于心理学这门学科的价值,在苏格兰的大学已经没有必要再作详尽的说明了。为什么这么说?在苏格兰这个地方,心理学研究已经取得相当辉煌的成果。洛克、贝克莱以后对英国心理学做出贡献的几乎全部是苏格兰的学者、教授,即使在最近甚至现在,可以说大半是苏格兰的学者、教授们[55]创造的。实际上,所谓心理学不外是研究关于人性的各种法则的知识。假如存在适合由人自己来研究的事物，那么这研究对象就是自身的性质和同胞们的特性。而既然它有价值，那么就值得将其作为科学研究，从而发现支持和支配所有其他事物的根本法则。必须先判定一下这门学科是否适合博雅教育。支配我们感情和思维的一些法则是通过实验来观察的，一旦把握了这些法则，它们就成了解释我们自己内心的意识、相互观察的对象的一条线索。比如，观念间联系的法则[56]就是其中一个。至少在法则上，心理学是实证的（虽然在应用上存在争议），只要这样的法则成立，心理学就和化学一样是实证的、确实的科学，作为一门科学是适合作为普遍教养学问的学科。但是，当它超越了如上所说的、我们已经认可的真理的范围，遇到哲学各种各样的学派依然为此有争论的问题时，那该怎么办呢？比如，在什么程度范围里，能运用思维联系来说明高度精神作用？什么界限之内还必须承认其他各种基本原理呢？精神能力中哪些是单一的能力？哪些是复合的能力？这种复合的能力到底由哪些要素构成？诸如此类的问题。特别是我们踏入被称为"形而上学的大海"那样的领域，就会遇到各种问题。比如，现实中时间、空间是在我们无意识的印象中存在的吗？康德所说的我们感性能力的形式是什么？物质和精神仅仅是我们心身活动的关系中存在的吗？观念联系造成的是复合观念，还是单独存在的？倘是后者，那么关于它我们能够掌握何种性质的知识呢？这样的知识的界限在哪里？人的意志是自由的吗？还是由各种原因决定的？这两种说法的不同点到底在何处？等等。总之，哪怕最富有思考力的、专心于研究这些问题的人们，都还没有取得统一见解的问题。我们这些没有特别专心于这些需要高度思维领域的人，即使想努力去探究这样问题的根底，也是不可能取得成果的，而且也不会想去做这种努力。可是，知道实际是存在这样论争，也知道这争论的两个阵营各自主张的观点的概要，就是博雅教育的一个组成部分。根据人的知性的成功或失败及其完美的成果可以知道其是否遭受挫折；伴随着已经解决的问题可以发现还存在未解决的问题——都对教育是有益的。能概括地认识成为这样的争论焦点的问题，也许对于许多人来说已经足够了。可是教育制度并不只是为了这许多人存在的，还要点燃想要站在普通人之上、承担起思想家的使命的那部分人的进取心，必须给他们的努力一些具有资助作用的东西。几乎再也没有比由形而上学争论导出的思维训练能更好地教育这部分人了。我之所以这么说，是因为这样的争论是围绕判定事物本质的证据是什么的问题展开的；还因为尽管这些是信念终极的基础，是我们也知晓的构成心灵深处确信根据的各种条件，也是我们有生以来早就知道使用的位于人的语言根底里的东西。尽管如此，但是这些问题都是除了追究形而上学问题的学者之外，谁也不想去努力彻底理解的，有关言语、措辞真正的内涵的问题。暂且不论形而上学问题研究的结果是取得怎样的哲学见解,通过这样的问题的讨论,能提高人想要理解事物的求知欲,能逐渐增强他们的思维和正确使用言语的能力,使得他们更加深切地注意、严密地认识证明是具有怎样性质的作业。至今还没有比"贝克莱争论"[57]更能使人的知性敏锐起来讨论。

如果仅限于英语作品的话,许多书都能让学生受益匪浅。要说这样的书,就可列举霍布斯、洛克、莱德[58]、斯图尔特、休谟、哈特里[59]和布朗等人的著作。虽然这些人的思想有相当部分已经落后于时代了。但是我们不只是把这些大思想家作为应该信奉的大师去被动地阅读,而是把这些著述作为给我们思考提供的素材和刺激物来积极地阅读——应该附加这样一个条件。其次,我们的目光向着同时代的人的话,还可以读读代表了两大哲学流派中一方的代表人物威廉·汉密尔顿和贵校已故的费利尔[60]这两位学者的著作;还可以读读另一派的主将——也可以说当代最大的权威、相邻的阿伯丁大学著名教授潘恩[61]的著作。完全理解这些学者著作的人,就已经积累了适用于解决最困难问题的、最彻底的哲学研究方法的训练,能为将来可能面临的学术上的困难做好充分的准备。

上面已经粗略谈了科学教育的整体。我还没有谈到关于知性教育中最重要目的的直接教学,那就是最广义的伦理学和政治学，它们是对作为道德和社会存在的人类最切实利益所作的思考。这些学科目前一般还没有被人们承认是属于现阶段人类知识体系中的一个科学研究的对象。其实，政治学不是通过一册教科书或者从一位教师那里学一遍就足以完成的学问。我们必须学习的与这门学问有关的各种事情，也是我们的老师。[指现实中的政治事件、现象对我们有所启迪、教益。——译者]政治学这门学科中，没有我们应该追随的老师。各人必须以自身的力量来探索，行使自己的判断力。所谓"科学的政治学"并不是准备好了千篇一律的、放之四海皆准的既成的结论，而是要求我们用科学的精神去思考，在每一种特定情形下发现与之相适应的真理。而且，今天很少有人用完全同样的方法从事科学政治学研究。特别是只要涉及政治问题，教育就不存在基于已经确立的科学权威劝诱人信仰某种观点的资格。教育只是为学生提供自己思考的材料，教与他们如何利用这些材料的方法。学生教育通过这样的教育能够得知各种各样的观点、有关问题的思考之中特别优秀的想法。即使是出色的观点，也并非仅此一个就被认为足够了。但是，各种出色的观点为我们具体显示了真正适合的、必须参考的省察。通过这样的教育，还能学习与这个问题直接有关的某些重要事实——人类历史中呈现的文明的诸种类型或各种各样的发展阶段及其特征。这也正是大学进行的历史学研究的真正目的。学生必须通过自发的阅读来了解古代史、现代史的重要事件。他们倘若缺乏这种知识，大学是不能够给予补充的。历史学教授教的是那些事实所具有的意义。他的任务是让学生从历史中找出各时代、场所造就的人物或社会制度的不同点，让学生想象人类发展的各种阶段的生活方式和生活观，区别由于时代变迁而变化的事物与即使时代变了也不改变的事物，让学生开始思考进步的要因和法则。即使是哲学研究者对这一切也没有完全搞懂，并且非常不适合作为教条讲授。它们的目标应该是让学生参与其中，让他们认识到仅仅因为故事而对历史发生兴趣是不够的，历史是仍在他们眼前展开的一条因果之链，充满了对他们自己及其子孙后代意义重大的影响，它是以幸福或者痛苦结尾的一幕史诗或戏剧，是人类种族的升华或堕落。它是善恶力量间永不停息的对抗，无论我们多么渺小，我们中每个人的任何行动都是其中的一次事件。在这场对抗中，甚至正确的一方有时也会和错误的一方站在一起，而无论我们在其中的贡献是大是小，直接后果是可见的还是几乎不可见的，我们都无法逃脱责任。虽然教育无法用完善的政治或历史哲学把学生武装和准备好，让他们加入这场战斗，它却可以给他们很多与公民责任直接相关的积极帮助。当然不仅必须对学生讲授自己国家的社会制度、政治制度的概要和普遍的知识，还应该大略讲授其他文明国家更加先进的制度。我们还应该告诉学生：政治的各领域、社会现象的各部分都已经积累了足以创始一门科学那种程度，可以充分分类体系化的事实和概念。其中特别重要的是"经济学"这门科学。这门科学是学习关于有助于人类群体的财富、物质繁荣的源泉和条件之知识。称其为科学，是因为与其他与政治相关领域的学科相比，经济学研究更加接近自然科学。不过，对真理的认识本身已经可以确保我们按照它来行事。当清楚地看见并透彻地理解了某件事物，我们就会自然而然地想要按照它来行事。诋毁逻辑学的人大都也警告你们还是不要学经济学为好。这些人说经济学中缺乏人的感情。确实，经济学认可不愉快的事实。但让我说的话，最无情的是物理学的重力法则。善良的、最应该被爱的人，瞬间稍微不留神，会因头部遭受外力打击夭折了。人们常说风呀浪呀也都是无情的。诸位，你们是对出海的人发出"请你们无视风浪"这样的忠告呢，还是对他们发出要好好地利用风浪来躲避危险的那种忠告呢？我对诸位想说的是，你们要研究那些撰写优秀经济学著作的学者，你们认为他们的学说中间有正确思想的话，请坚持你们自己的观点。学习经济学时，只要你本来不是利己、冷酷，你就绝不会变成那样。

法学研究的重要性并不亚于经济学，它包括：法的普遍原理、法应该发挥功能、所有法的体系共同特征以及相异之处、好的立法所需的必要条件、法体系的正确构成方法、最好的审判组织及最善的诉讼程序等等的研究。这些研究不仅是政府的主要任务,也是所有公民应该关心的重大事情,而且这些方面都还存在充分改良的余地,为有志于为改善人类现状献身的、也具有实现这个抱负的素养的人,留下了让其能发挥自己拥有余力的宽广的领域。为了法学的这种发展,现代著述家们特别是最近的著述家们都做出了值得赞赏的贡献。边沁[62]站在法学的顶峰上。他毫无疑问是一位为解决法学各种问题奋斗了一生,做出最大贡献的学者,在其专业之外也声益卓著。因为他经常使用的方法是从日常生活事实中发掘问题所在,重新构筑问题,在充分、深刻地考虑目的与手段之间的关系基础上,再思考法到底是什么?应该是怎样的?明确地将相对应的法的现状与这些问题对照。边沁之后不断涌现出各种各样硕学的法学学者,他们的贡献可以分成两大类。我在这里举两部同样值得赞赏的代表性著作:第一部著作是奥斯汀[63]的《法学讲义》。奥斯汀的法学研究,把研究罗马法作为法学研究之基础。罗马法正是历史上运用于现实的法体系中最精巧、整合的体系,也是有教养的人们之中的大多数努力使自己行为与之相符合的体系。奥斯汀从罗马法中,选出具有普遍适应性的原理,将其分类,运用极其正确地分析能力和分析方法,因为对罗马法原理分门别类单纯依靠技术上的方法是不能完成的,还必须提出基于普遍人性的哲学根据。另一著作是梅尼[64]的论文《古代法与近代思想的关系》(*Ancient Law in its rela-*

*tions to Modern Thought*）。在这篇文章中，他研究了法的历史和已知的原始人类制度，从中发现了许多延续至今，并在近代法律和思想中根深蒂固的东西的源头。根据他的观点，其中许多东西并非出自理性，却是未开化社会制度的遗留物。虽然随着社会文明进步，多少有所变化，可依然是未开化社会制度孕育出来的"子孙"，生养它们的祖先死后非理性东西依然具有顽强生命力延续下来。梅尼开辟的学术道路，被其他学者继承下来，他们的研究显示出许多传统的思想给了近代制度影响，旧有的制度也给予近代思想影响这两种实际事例。这两者之间的作用、反作用反复不断，其带来重大的后果是，许多重大法的事项保持着原有的"缓和的未开化"的状态被延续下来，而且时常是作为人之本性中指定的东西，作为生活之必要不可缺的东西接收下来。我们知道历史上的这一切，实际上就是例证了法是从久远的往昔被否认了的、废止了的人为社会组织那里继承而来的。

我认为上述法学的学问中还要增加国际法的部分。我坚信所有的大学都应该讲授国际法，都应该把它作为普遍教养课程中的一个科目。这门学问不仅对于外交官、法学家来说是必要的，所有的公民也是绝对必要的。所谓"万民法"[65]其实本来不是指法律，而是伦理的一部分，总之，不外乎是文明国家中具有权威的、被公认的一系列的规则。诚然，这些规则不是永恒服从的义务，也不应该成为义务,国民的良心渐渐受到启蒙,随着社会政治要求或多或少发生变化,也必须随着时代发生变化。可是,这些规则的大部分,追溯其起源,你们会发现其中仁爱、诚实等道德原则,是当年适用于国家之间交往的产物,至今依然如此。这些规则是为了减轻战争带来的痛苦、产生的罪恶,也是为了抑制和平时期国家之间、政府之间产生的相互不讲信义的背信行为,是从人类的道德感情和共同利益出发导入法的体系的。各个国家与世界其他国家都保持各种各样关系。很多国家——我们英国也是其中一个——现在正对某些国家行使着权威。因此有关公认国际道义规则的知识,对所有的国家来说,对组成作为国家的声音和感情——所谓舆论的一份子的每个个人来说,也是履行自己义务所必不可缺的。人们往往有种错觉:只要这些事情与自己毫无关系,对此不发表任何意见并不一定会带来害处。但是,我认为还是抛弃这种哄骗自己良心的想法吧!善良的人袖手旁观,正是邪恶的人要实现自己目的的大好时机。因为不愿花时间思考这个问题,从而默许别人以自己的名义行恶,甚至提供帮助,绝不是什么善人。一个国家的行为,无论是对内的,还是对外的;无论其是利己的、背德的、高压的,还是合理的、启发的、公正的,不仅取决于一个社会是否不断地对公共事务乃至其细微末节之处赋予充分注意,还取决于这个社会整体在何种程度上拥有关于这些公共事务的知识和确实的判断力。

到这里为止我谈到的高深学问，学校乃至大学里讲授的科目几乎都只是教到入门程度而已。即使只是入门也具有充分的价值。因为入门，首先唤起了学生对学问的兴趣，克服了最初的障碍。其次，学生的精神习惯于努力研究学术，养成了他们追求更大进步的志向。第三，人们向他们展示了今后最好的人生道路和谋生手段。第四，他们还懂得了学习了各个领域的知识，简直就等于知道了自己的责任，一生的工作到底是什么，或者懂得了求知的技法。但是，给予学生知识，教育仅仅完成了其一半的任务，剩下的任务是让学生自己进一步求知，以坚定的意志去实践。不过，对真理的认识本身已经可以确保我们按照它来行事。当清楚地看见并透彻地理解了某件事物，我们就会自然而然地想要按照它来行事。并不是没有被称为"知识上巨人、行动上的矮子"那样的人物，但是，不能说这是人的普遍的精神状态。做不正确事情的人，一般来说首先是那些故意对正确事情闭上眼的人。这种人堵塞了自己的良心，并不是明知而违背自己的良心。我们来看看尚未因人生道路错误的选择误入歧途的普通青年吧！他们都知道去选择正确的、善的、为了所有人谋利的道路，如果我们适当利用青年期，给予他们训练，让他们打下的基础不是为了学得诡辩而是为了掌握经常能做出正确判断的知识那种训练，就能建筑防止利己主义、虚伪侵入的牢固的城墙。但是我还不得不说这样的训练仅仅是智能训练，没有意志训练的教育依然是不完全的教育。谁都知道与自己接受的智能教育侧面一样,意志教育的侧面也是必要的,特别是道德教育。直接实施这意志教育的,那就是道德教育或宗教教育。这两种教育可以作为各自个别的来看待,也可以看作同一事物的两个不同的侧面。我们在这里考虑的对象不是教育的整体,局限于学校教育,而且我们还必须经常铭记学校和大学所能够做到的事情也是有界限的。道德教育和宗教教育在大学管辖之外,它们所做的是培养情操和生活习惯的训练,主要是在公共教育之外的训练,是公共教育统制力力所不及的。授予通过内心才能接受的道德教育和宗教教育,是家庭、家族。而且在家庭接受的教育,要经过社会生活——身边流传的观念、感受的影响,才得以完成。这样的道德教育、宗教教育有时因此最终改善,但也往往产生很多变坏的事例。假如说大学能够给学生以道德或宗教的影响的话,那么,这不是某种特定的教育,而是大学整体洋溢的氛围所致。在大学每一门课程教学都必然是渗透了(道德或宗教)义务感的教育。大学的教学都必然是把所有的知识作为于人生是有价值的主要手段授予学生的,即授予知识对于我们每个人来说,不仅是让我们成为对人类有实际作用的人,还能提高人本身的品性——达到使得人性更加有用和高贵这两个方面的目的。没有再比从老师向学生传达着这种高尚意识更加让学生容易受到感染的途径了。就在今天,很多学生都是受到某一个教授的强烈影响,学会了蔑视卑俗的、利己的目的,抱有要将这个世界至少搞得比自己诞生时好一点,最后才肯离开这个世界的高贵的心愿,而且这种愿望持续贯穿整个生涯。所以,教师会最自然地利用这种固有的有效手段——当人际交往或者站在某种立场说服对方时,无论谁都知道此时必须要最大限度利用自己的能力和机会。涉及道德教育、宗教教育问题,大学特别应该做的事情与大学所发挥其他功能一样,主要还是知识领域中的事情,大学是为了把人类积累下来的知识宝库尽其所能传授给下一世代。所以,大学在涉及道德和宗教问题上,要把整个人类的、各个国家的,或者最善的和最贤明的个人的观点传播开去,这也是大学必不可少的最重要功能的一部分。为此大学都应该专门开设道德哲学,而现在几乎所有的大学都有这一课程。可是我希望这门课最好采用与传统稍微不同的授课方式,可能的话,希望这门课少些评判和教条,多些阐释。应该授予学生的是至今为止一直对人类实际产生影响的道德哲学相关知识,应该让学生倾听支持各种体系人们的不同观点。这些主要体系有亚里士多德学派、伊壁鸠鲁学派、斯多葛学派、犹太教、基督教等等伦理体系。但是基督教义分成持有不同解释的各种宗派。与古代希腊各学派一样,基督教各个教派之间,都有某种程度的相同或相异。另外,作为伦理基础的各种善恶的标准,如普遍功利性[66]、自然正义[67]、自然权利[68]、道德感觉[69]、实践理性的原理[70]等等都是学生应该知道的，把这些知识授予学生时，教师特别应该做的不是站在一种伦理体系立场上，排斥别的伦理体系，不能只是一味地支持这个体系，而是应该努力讲授所有的这些体系怎样才能为人类确立和保持有益的行为规则发挥作用。这些伦理体系没有一个不拥有自己的长处，也没有一个不从其他体系中吸取有用的部分。没有一个不透露对作为该体系支柱的某些真理的敏锐感知（虽然可能并不清晰），而别的体系对这些真理的忽视和贬低恰恰体现了自身的缺陷。即使某个体系完全是错误的，如果它能让人们关注启发出该体系的那部分真理，它仍然有价值。对于伦理学教师来说，最好的做法是指出每个体系如何在现有基础上通过吸收其他体系中更加完善和突出的真理来加强自身。可是，说上面这些话的我，并不想赞成教师完全向他的学生推荐怀疑的折中主义。教师应该尽量瞄准各个体系中最好的侧面，努力推导出所有体系中与伦理学本质不矛盾的、最有益的结论。只要是这么努力去做了，我绝没有想要阻止教师从自己的理论出发去强调各个体系中哪个应该最优先。即使理论上是错误的体系，有时也包含了对整体来说却是必不可少的、特殊的真理。不是把自己的判断强加给学生，培养、助长学生的判断力反倒是教师重要的任务。这一点在该问题上体现得尤为明显。

倘若我们忠实执行这个办学方针，那么当遇到教育与宗教有关的大问题时,这个方针就能引导我们从为它们相互对立感到困惑的思想迷宫中走出来。如前所述,真正有效的宗教教育只有通过父母的教诲,幼年时代在家庭中接受的。除了弥漫着的虔敬和义务感的氛围,社会和公共教育所能提供的不过是一些知识吧!可是,这些知识是极其重要的。在这里我不想涉及在大学或者公学是否应该讲授宗教这个问题,它在上一代和这一代引起过激烈论战。因为我认为没有再比宗教那样在人们中有更加宽泛、多样歧义的东西了。在我看来,争议各方都没有把思想从旧式教育观中解放出来,即认为教育就是把老师认为对的东西作为权威教条灌输给学生。既然与宗教相关学科的知识是最有价值的,为什么不可能把它们放到学生面前呢?那些与宗教有关的思想是民族思想的重要部分,是祖祖辈辈智力劳动的结果,为什么不把这些教给学生们,而不是某一教会或教派的教条理论呢?基督教是历史悠久的宗教,因此我认为最适合大学的宗教课程就是教会史。[71]如果在教授具有科学确定性的学科时都要把如何得出结果看得和结果本身一样重要,那么对于宗教不更该如此吗?因为在这个领域汇集了能力上势均力敌的人提出的最多样性的观点,并且为了得出这些观点他们做了同样的努力。观点的多样性其实也是对有良知的教师发出的一个警告:让他们深感自己没有权威地把自己的观点强制灌输给学生的权力。授课不能取教条的态度,而应该以探索精神来讲解。对学生绝不能讲授他自己事先已经选定了的信仰的宗教，必须让学生以自己的意志选择将来的宗教信仰。无论是国教教会还是其他各种教会都已经充分完成了各自的各种各样的任务——把凡是必要的、自己教派的教理植根在属于自己教会的青年人心中。大学的任务与教会的任务完全不同，并不是权威地向青年们指出他们应该的信仰，让他们承认信仰的义务，而是授予知识的训练，帮助他们形成自己的信仰。大学的任务是培养青年为了排除万难探索真理，掌握发现解决所有难题的方法，具备识别能力，所以必须采用适合有求知欲的、贤明的人们的方法来进行教学。这些问题的巨大意义在于其对我们生命走向的影响，后者取决于我们对信仰的选择。这最强有力地证明了为什么不应相信在没有证据时作出的判断，为什么不应接受一家之说的教育，因为除了告诉我们某个教师或者某些教师眼中的真理和无误论断外，它们什么都没说。

可是我还不能最后断言压抑思想、学术自由的那种大学并非名副其实的大学。因为最主张自由思想的人们，往往是在实施强制性授课的神学校接受教育的。伟大的基督教改革者们[72]，都是在罗马天主教大学接受教育的；法国的怀疑主义哲学家们[73]很多是在耶稣会神学院接受的教育。人类的内心，被强制往一个方向牵拉，尤其是明目张胆地强制，反而会促使人叛逆朝相反方向走去。可是，大学的任务不是用极度的恶驱人向善。大学应该是自由思考的场所。它越是在所有其他方面努力履行这个职责,就能越好地实现这一点。今天,在教授课表中的普通课程时,英国的两所历史悠久的大学要比它们在我们所记得的任何时候都做得更好。其结果,原先曾为了压制独立思考、束缚个人知性、良心而存在的这两所大学,今天成了特维多河以南英格兰地域追求普遍博雅教育或专业知识的人们自由、活泼的学术研究中心[74]。这两所大学身居高位的人们明白,对知性自由取敌对态度,简直等于放弃了自己拥有指导知性的至高无上的特权。至少在一段时间之内对所在专业领域内公认的权威抱有敬意——在尚未得到大学氛围充分陶冶的大学生中还是一件重要的事情,但是在没有这样权威的场合,也就是在专业内众说纷纭,谁都可以自称权威,谁都无法得到公认,能自由驾驭自己精神的人们,完全能够找到不得不改变自己最初观点的理由。在这种场合,在座的诸位要经常排除万难,保持精神处于开放的状态,不能出卖你们思想的自由。你们中准备将来以神职为业的人当然会被很多教义所束缚。假如你对这些教义全都不信的话,那你就没有违背良心留在这必须从事宣讲教义位于上的理由了。可是你们自己可以尽力使得这样的教义减少。然而,为了获得某种回报,自始至终不断地违背自己信念去行动,或者与信仰相反的论点侵入自己心中,尽管内心已经动摇,还宣称自己依然保持不动摇的坚定的信仰,都是不正确的。另一方面,因为率真地承认自己改变了某些宗教观点而被免职,尽管他们还是胜任对国民进行精神教化的职务,那也是错误的。

英格兰和苏格兰两地的教理的规定,随着时间的流逝,无论哪一方都逐渐在变得缓和,信仰条文的解释也较从前宽松,这是一个趋势。诚然,这样一来,正统信仰的范畴界线变得不明确了,各人必须依照自己的各种各样标准来规定界线了,结果反而引起人们良心选择上的困惑。但是我完全支持那些选择留在国教内的神职人员,无论他们如何解读新的教义和忏悔方式,只要忠于良知就可以了,他们的解读是否与权威的相同并不重要。万一这些宽泛解释圣餐意识的条件的人们,或者说希望这么去解释的人们全都离开(国教)教会,不就等于把负责宗教教育和礼拜的公共机构全部交给那些最为狭义地阐释教义规则、咬文嚼字接受经典的人们吗?虽然这些人不一定都是狂热信徒,但是这样做,就把狂热分子作为自己的朋友,自己将处于一个非常不利的地位;然而他们也有某些优秀的地方,事实上也经常是这样的。可是即便如此,当教会有可能实施改革的时候,他们并不会成为带头人。鉴于以上的观点,我想对宗教事务提出一些忠告,但愿这不是僭越,我想说的是:不想让良心背负羞耻的、能够留在教会里的诸位,请你们务必留在教会里!与从外部进行改革教会相比,来自内部的改革容易得多。著名的宗教改革家中的一大半,本身都是神职者。但是他们以宗教为职业，与作为一个改革者没有任何矛盾的地方。他们几乎都是在培育他们的教会之外度过他们最后的生涯，虽然这是事实，但那是因为教会把他们赶出了教门，对于教会本身来说也是一种不幸。他们自己也不认为脱离教会是应该做的事情。他们认为，与把自己逐出教门的人们相比，自己更有留在教会里的正当权利。

以上讲述了有利于大学制度建设的两种类型的教育：知性教育和道德教育。关于知识、知性能力的训练和良心、道德能力的训练，该说的我都说了。现在我还要说的是，知识、知性能力和良心、道德能力，是人类能够具有的教养的两个主要构成要素。可是，对于人来说，这两个要素还不是全部，还有第三个领域。这个领域虽是辅助，但并不亚于前两者，对于人性的形成，与前两者同样重要。这个领域就是"美"的领域。"美"，大多是通过诗和艺术的体验获得的，所以也可以把情感的陶冶、培养美的事物说成教养。其实这个领域与苏格兰、英格兰通常实施的美育相比，具有更应该被重视的更高的价值。与"科学"、"政体"、"宗教"等词能表示某一内涵一样，在英国，"艺术"（Art）这个词被单独使用，也是最近的事情，而且也是因为外国人这么使用这个词，我们只是模仿他们而已，当然，习惯于谈艺术，特别是谈"美术"（Fine Arts），从很久前就开始了。而且，说起"美术"时，一般是指两种艺术形式：绘画和雕塑。但是对这两种艺术，英国人并没有表示出特别的关心，甚至包括有教养的人们，他们认为那只是室内装饰的一部分，只是一种优雅的装饰品。这样内涵的"美术"一词，就显得很轻薄，为何这么说？那就让人联想起对某一无价值的对象去花费大量劳力和心思。与制作稍微有点漂亮的小玩意付出廉价的技术不同，美术要使用难度更高的技巧，我认为它应该是情趣专一的伙伴爱好的话题和得意的艺术。类似的情况也发生在诗的身上，尽管并不完全相同。虽然诗被人们称作艺术的女王，但是在伟大的英国甚至连作为艺术的一种也排不上号[75]。要说那是诗被轻视了，其实也并非正确。我们英国人也以拥有莎士比亚、弥尔顿感到自豪，至少英国史上的一个时代，在安妮女王时代，所谓诗人对文学家来说是极其荣誉的称号。但是，做诗经常被人们看作一种单纯的娱乐或刺激，除此之外，诗的创作很少获得认真的评价，没有被看作具有更重要的价值。诗之所以被给予比其他艺术更高的地位，不外是因为诗歌创作对头脑的要求更高。当听到希尔顿的弗莱彻（Andrew Fletcher）[76]的名言"若允许我来创作歌曲，那么无论谁来制定国家法律都没关系！"，我们就能明白这种能拨动人们内心的伟大手段是怎样被低估了。谁也不会认为像汤姆生[77]的国歌［即 Rule Britannia——译者］、彭斯的"苏格兰啊"[78]完全没有对英国人人格形成影响力。虽然歌词绝不是诗的最高形式，可是托马斯·莫尔[79]创作的歌曲比亨利·

戈兰坦[80]的无论哪一场演说对爱尔兰的影响都要大。对普通英国人来说,其他国家对艺术的观念、感受,不仅让人难以理解,也让人难以置信。在其他国家,至少在理论上人们都承认艺术作为创造文明的诸要素,形成人的价值观的诸要素,和高级学术、研究、科学知识等完全拥有同等地位,绘画和雕塑也被看作对社会具有很大影响力的东西,一个国家的艺术是被作为这个国家的国民性和标志的象征来考虑的,是被看作与这个国家宗教、政治形态同样重要的东西,可是英国人对这些看法既一点也不吃惊,也不会因此感到困惑,因为他们认为这些观念太奇突了,完全不能理解,或者说他们不相信真有这样的事情。而且关于这个问题,英国人与法国人、德国人这些欧陆国家的其他国民的感觉也有根本上的差异。这也成了英国与其他欧洲国家很难相互了解的原因。欧洲大陆国家相互之间都没有到这种程度的相互不了解。其原因恐怕是斯图亚特王朝时代之后,给予英国国民性影响的两大要因,即商业上的金钱主义和宗教上的清教主义。为了赚钱必须全力以赴,出自义务感呀,占有欲呀,不是直接与此目的有关的所有行为,都被看作浪费时间。而清教主义虽然还没有到达认为对上帝敬畏、崇敬的念头之外一切人类感情都带有罪恶性质那种程度,可是已经把宗教之外一切情感看作可能让人陷入罪恶的一种陷阱,因此虽不责难陶冶情操,却对此表示一种冷淡的态度。欧洲大陆各国,出于不同原因,结果其观念也与英国不同。欧陆各国人们,即使在今天依然普遍把道德和善行看作是情操问题,持有这样观念的人比比皆是。可是,对于英国人来说,道德和善行,几乎仅仅是义务,此外什么都不是,从而在道德上,与其他欧陆国家相比,我们英国人至今依然继续保持的长处,就在于具有敏感的良心这一点,可我总有点担心哪天会失去这个长处。总之,从整体上看我们在这一点上保持优势。但是,这一优势在本质上起着否定的作用。因为良心对于大部分人来说,主要是发挥驱动我们朝抑制恶方向倾斜的力量,换言之,与其说给我们指出欲望、感情的普遍途径,不如说是在阻止我们去沾染重大恶事。人类具有的各种各样的特性中最普遍的一个特性就是自我为中心的野心。在这种野心驱使下的人,把自己及其家族的富裕、出人头地作为人生最高目标。这样的人做梦也不会想到把同胞、祖国的福祉作为自己每天奋斗的目标,充其量最多是每年或者有时拿出点慈善金。但是,即使是这种人对普遍被看作邪恶的事情也有敏感的良心,为了达到利己的目的,采用不正当手段时会因受到良心的责备而感到犹豫。在其他国家经常能看到这样的人——他们倾向于非利己的目标,具有强烈的感情和活力,具有强烈地爱自己祖国,追求人类进步和个人自由,同时伴随着深深的热爱美德之心。这种把自己思考和活动一大半奉献给超越个人私利目的的人,在追寻某些自己强烈渴望的目标时,也可能纵容自己做坏事。

而这样的坏事，即使是整体天性上比他们更加远离人类应有善良的人也是不会去做的。讨论这两种精神结构哪种好、哪种坏是没有意义的。我要说的是良心与情操并非绝不可能同时陶冶的，要培养既不以私利为目的又不触犯道德律的人是不会有任何障碍的。还有，在提高人的精神境界，使他们与愚蠢无缘的同时，还培养、助长他们人生依赖支柱的高尚感情，告诉他们到底什么才算是人生真正的成功——为他们指引更高尚的观念，也不会遇到任何的障碍。如果我们期待人们遵循美德的话，那么有必要让他们爱上美德，并且把美德本身看成目的，而非把它看成为其他目的付出的代价。有必要通过训练让他们认识到，不仅真正的恶和低贱是可鄙和堕落的，缺乏崇高目标和努力同样如此。当我们直面这么巨大的宇宙和整个人类时，感觉到处在过去的历史和无限的未来之间时，都会无可奈何地感叹自己个人是多么渺小。你也会感到，假如自己的人生只是为了自己以及家族生活改善、为了在社会阶梯上不过是上升一、两个台阶而费尽心血的话，人生就会变得毫无价值、毫无意义！而且当我们有了这样感觉，开始能感觉到自己也拥有实现高尚目的能力的时候，我们也获得了自尊心。当不幸地发现周围人并非与我们志同道合，甚至责难我们根据自己志向所作的行为时，我们可以通过内心，与历史上或者文学作品中出现的伟人一起深深地共鸣，同时还可设想未来人类的理想形象——神圣存在形象化的理想中的典型来激励自己。把这些高尚精神渗透到人的内心的一大源泉就是诗,或者全部带有诗性和艺术性的文学作品。我们能从柏拉图、德摩斯梯尼、塔西佗的著作那里吸收到高尚的情感,因为这些伟人不仅是哲学家、雄辩家、历史学家,同时也是诗人、艺术家。获得诗的教养的陶冶,不仅可以培养成高尚的、英雄的情感,诗中还有培养与使得灵魂昂扬或同样的能使灵魂平静的感情,具有培养高昂和稳重两个方面感情的伟大力量。它呈现了所有我们天性中不自私的方面,引导我们把自己的喜悦和悲伤与我们所在系统的幸福和不幸等同起来。所有那些严肃和深刻的感情虽然不会对我们的品行产生直接影响,却会驱使我们去认真对待生命,让我们接受所有以职责形态呈现在面前的事物。读了但丁、华兹华斯的诗,卢克莱修[81]的诗乃至维吉尔的《田园诗》之后,或者是细细地体味了格莱伊的《哀歌》、雪莱的《对知性美的赞歌》之后,谁最终都感到自己变成更善良的人了。

上面我讲了关于诗的功能。其他的艺术与诗相比,虽然有一定程度的差别,但也有类似效果,在感情面比我们英国人更加精细,美感上比我们受到更多训练的民族和国民,从绘画和雕塑等艺术上能获得与从诗中获得的同样感动。英国人中很多具有特别精细感受性的人也是如此。因为所有的表现艺术都有让感情活生生、跳跃地表达的倾向。如果一个伟大的意大利画家的作品只是为悬挂在公共会馆或个人的客厅的墙上而创作的,那么能够想象他今天在欧洲人的精神中所占的地位,或当时就能被作为屈指可数的伟大人物吗?他们绘制出"耶稣的诞生"、"基督受难"、壮丽的"圣母玛丽亚"、"圣人像"等作品,对于感情丰富的南欧人来说,他们不仅是充满虔敬的宗教感情的艺术家,而且是培养人们具有所有的崇高的想象力、丰富的感情的导师。与南欧人相比,具有相对冷峻气质的北方的人们,在聆听海顿的宗教剧曲时,或者沉浸在被哥特式建筑风格的大教堂的壮观唤起感情时,大多能够实感艺术带来的力量。即使离开了某一种特定的感情的表现,只是凝视超自然的美,也有不小提高品性的效果。自然风景与艺术诉求一样,在相同领域中强烈唤起人的本性[82]。感受到苏格兰的高原地域和山岭可以观看到那种崇高的自然美的人们,几乎无论谁都为这美景所倾倒,至少会一时间超越人世间事物那种渺小的形象来观赏这自然美,与这种谁都能享受的高尚的快乐相比,你就会深感那些无聊的利益冲突是多么猥琐呀!无论从事什么职业,我们都不能让这种感受变得麻木起来,要不断利用一切机会努力使之保持活力。我们的日常职责越是枯燥,就越是有必要通过不时走访那更高的思想和感情之所来保持昂扬情绪。在那里,所有工作的价值似乎都同它的目的和所呈现的精神成比例。在那里,我们积极地利用一切机会锻炼更高的能力和履行更高的职责,把全部有用和诚实的工作看成公共服务。我们可以把这些工作的履行方式看作高贵的,如果除此之外它们没有高贵之处的话。并且,即使它们很不起眼,只要不是用低贱的方式完成的,或者是出于低贱的动机,它们就不是低贱的。由此可见,只要美的修养是真正的修养,不是一种盲目的本能,善与美的修养之间就有某种亲近的性质。能感受到所谓美到底是什么的人,如果还具有美德,他的人生中就有追求美的欲望。总之,这样的人把自我启蒙作为人生努力目标,经常不断在内心描绘典型的人性美。歌德说:"美比善还要伟大,为何这么说,因为美中间包含着善,补充了善之欠缺。所谓美,是完成了的善;是把善作为其整体中次要的、使之达到完整的东西。"这种完美的感觉,就是要求我们人类创造的所有事物必须是最好的事物,我们的性格或行为都必须是无瑕完美的。这样的追求就是艺术陶冶的产物之一。人类创造的事物之中只有纯粹的艺术品才接近这样的完美性,艺术作品之外的事物只要我们追求的目标在我们看来是有价值的——能反映出这种程度的优秀的东西,我们就会满足,这样的满足不是很困难的事情。可是,"艺术"之中完美性是其本身的目标,若我来给艺术下个定义的话,我想这么说:"执行中的追求完美的努力。"倘使我们制作出来一个由机械制作的制品,带有用这样精神制作的痕迹,能让人感到制品中匠人的爱心,虽然这个产品并没有像艺术品那样动人,只是在实际用途上发挥其功能,但这制品也是饱含着竭尽全力努力的产品。如果是这样的"作品",我们就可以说这个工人的工作和艺术家的工作没有什么两样。真正的艺术教养(而非仅仅是艺术实践)要求人们一旦感知了美的理想,就要永远以它为目标,即使它超出了自己的能力范围。而且,我们基于这样的艺术观,就接受了这样的教育:今后绝不甘心于自己行为的不完美,会把我们从事的所有工作、工作中形成的特别的人格和日常生活都尽可能地作为理想的事物。

到这里为止,和诸位一起从整体上浏览了为了更高目的的人生准备的大学提供给我们的课题和训练的全部领域,希望各位最大限度利用在大学期间的好机会,要说的我都说了,没有什么需要补充了。现在你们有机会在一定程度上洞察远比买卖或工作中的细枝末节高尚的东西,学会熟练地思考所有事关人类更高利益的问题,并把它们带到日常生活中去。在你的余生,它们将不会允许你有片刻偏离崇高目标。只有在最初阶段你的抵触会超过兴趣,一旦征服了开头的困难,曾经的负担就会变成愉悦,今后即使遇到更加繁忙的人生也能通过自发的思维活动,从每天的经验之中学到教训,不知不觉之中精神能力大幅提升。让自己更好地投入到善与恶之间永不停息的激烈斗争中,更好地应对人类天性和社会的变化不断带来的新问题,这些是学习的真正价值所在,如果从求学时代伊始就把它们作为终极目标,你们就能认同我上面所说的。这样崇高的目的一旦撒下种子,一般就会永恒扎根于心中。当这样的目的扎根心中,我们就会不断地活用自己的能力,因为随着岁月积累的学识和能力反过来又成为精神的"资本"。这所谓的"资本",当我们努力追求在某一方面使得人类比现在更贤明、更善良的方法时,当我们努力把人类生活的某个侧面改造得比先进更加合理的时候,就会毫不吝啬花费这"资本"来支援这样的努力。可以说我们之中没有一个人不想增加利用自己的知性来稍微改善一点同胞们生活的机会吧!各人的小成就可以累积成大贡献,所以我们也需要经常努力学习我们时代拥有独创精神的人们孕育出来的最善的思想。通过这样的努力,我们就会知道什么样的社会运动最需要我们助一臂之力,只要我们参与,我们要使播下的种子,无论是在泥土中,还是在岩石上,都萌出新芽,最终开花结果。诸位都是站在激励、援助的立场上欢迎给人类带来知性、施与恩惠贤人的阵营中的一员。你们有这样的机会,也会加入到他们的队伍中去。当自己意志消沉时,也许会认为没有这样的机会了,绝不要因此失去加入人类带来知性、施与恩惠的这个队伍的勇气。知道抓住机会的人,是因为他们发现了所谓机会是自己能够创造出来的。我们能够做的事情是不被时间所左右的,关键是怎样利用时机。你们以及与你们处在同样环境中的人们,正肩负着祖国对下一世代的希望,是国家的宝贵财富。下一世代的伟大的事业几乎全部要你们承担起来,当然,伟大事业中也有一部分,将由与今天听我演讲的诸位相比远远没能得到社会给予的益处、没有受大学教育机会的人们来完成。在这里我丝毫没有想通过直接报酬的许诺来激励你们,无论是地上的酬劳,还是天上的幸福,越是不考虑报酬,对我们越是有益,可是只有一种报酬绝不会背叛你们的期待,那就是超越利益的报酬。为什么会这样?因为这样的报酬不是事物的结果,而是这种值得接受的事实内在的东西。这到底是什么东西?我要告诉你们,这就是你们将会越来越对人生有深刻认识,越来越抱有更多的趣味。人生变得具有十倍的价值,而且这样的价值是能够贯穿于整个生涯的价值。仅是对个人的关心,随着岁月的消逝,价值日益递减,可是这一人生价值不仅不会递减,还会不断增大。

# 编译注

1. 密尔就任的职务是名誉校长(rector)。11世纪至13世纪欧洲的教会、修道院或者大教堂设立的附属教育机构就是大学(ūniveritâs),比如波洛尼大学、巴黎大学、牛津大学等,严格地说它们更像一种独立的自治组织,大学其组织成员行使自己独立的民事、刑事司法权,执掌着权力的校长叫做rector。rector的词义本来含有支配者(ruler)和领袖(leader)的意味,在教会组织中相当于教区的司祭、牧师或者是修道院院长。最早的rector有的是从学生团体中选举出来,也有从教师组织中选举出来的,一般来说都是从这两种组织中选举诞生的。1413年创立的最早的苏格兰的圣安德鲁斯大学也采用这个rector制度,当初的选举方法是从学生、教员或当地的毕业生中间选出。1475年学生丧失了选举权,可是到了1824年又重新获得了这一权利。1858年英国议会通过了大学法(the Universities Act),圣安德鲁斯大学设立新的rector制度,根据新制度,rector是大学司法委员会(University Court)的委员长,校长(Chancellor)缺任的场合,该委员长可以担任大学评议会会长,执行权力,任期三年。这一职务由大学在籍学生选举出人选。但是大学的实际运行、管理是由教授会选出的副校长(Vice-chancellor)掌握、操作。所以rector成了一个名誉性很强的职务,每年要参加一、两次大学特别的节庆典礼,有时对学生做演讲也是其重要的任务。

2. 原文是"a national university",不是指国立大学,而是指不为特定阶层、阶级出身的人设立的大学,学生是从广泛的国民中选拔出来的大学。

3. 1852年出版的纽曼的《大学的理念》(J. H. Newman, *The Idea of a University*)。纽曼强调,反对那种限定在专业教育和职业训练狭义意义上的大学教育,主张大学应该培养有教养的知识分子。

4. 原文是"general education",在国内学术著作中大多被翻译成"博雅教育",本书中此词频出,也翻译成"博雅教育"。关于"general education"概念的历史演变,特别是此词在密尔所处的时代英国学术界一般公认的内涵,可以参阅沈文钦《西方博雅教育思想的起源、发展和现代转型:概念史的视角》(广东高等教育出版社,2011年)。

5. 密尔自己的《自传》回顾自己从父亲那里接受教育时,也强调这一点。参见他的《自传》。

6. 比如,有 John Knox(1513—1572)、A. Melville(1545—1622)。

7. 原文是"parish school",指教区内设立对信徒子女实施教育的初等学校。教区原先是教会及其牧师布教区域,以后也被作为行政区沿用。

8. 当时苏格兰有四所大学:圣安德鲁斯大学、阿伯丁大学(创立于 1495 年)、格拉斯哥大学(创立于 1451 年)和爱丁堡大学(创立于 1583 年)。

9. 原文是"high school",指讲授苏格兰升入大学入学考试科目的高中。相当于英格兰的文法学校(grammar school)。

10. 密尔曾在《伦敦评论》的创刊号(1835 年 4 月号)上发表评论塞奇威克的《关于大学研究的讲义》(Adam Sedgwick, A. *Discourse on the Studies of University*)在文章中,他激烈批判剑桥大学和牛津大学教学现状。该评论文章为本书的第二部分收入。

11. 原文是"tripos",指 1850 年剑桥大学设立的自然科学与道德科学课程,作为取得学位必修课程,必须通过优等考试(Final Honours),相当于伦敦大学的优等考试制度(Final Examination of Honours Degree)。

12. 由法国的芬特奈尔点燃的争论,英国参与的学者有斯威夫特与威廉·廷普尔和剑桥大学的著名古典学者本特利(Richard Bentley)等人。

13. J. 斯威夫特(Jonathan Swift, 1667—1745,),英国讽刺作家。早年曾担任过牧师,后来活跃于政界和文学界。还曾担任过廷普尔的秘书。主要著作有:《桶的故事》(*A Tale of a Tub*)、《书的战争》(*The Battle of The Books*)、《格里佛游记》(*Gulliver's Travels*)等。

14. 特穆普莱爵士（Sir William Temple，1628—1699），英国政治家、著述家。斯威夫特曾任他的秘书。

15. 芬特奈尔（Bernard Le Bovier de Fontenelle，1657—1757），法国的思想家、文学家。写作涉足体裁有：情诗、悲剧、喜剧、歌剧和散文。介绍、解说科学进步的思想、启蒙思想，在"新旧之争"中支持"进步说"，为此1688年写了《论新旧优劣》(*Digression sur les anciens et les modernes*)。

16. 英格兰的传统著名的伊顿公学是1440年由亨利六世在伊顿创建的；14世纪他还在伦敦的威斯特敏斯特创建威斯特敏斯特公学，后来伊丽莎白一世对学校进行了整改，其他有名的公学还有哈洛（Harrrow）、罗戈比（Rugby）、温彻斯特（Winchester）等。

17. 先是辛普松（Andrew Simpson）和休谟合编的拉丁文文法书，1612年被苏格兰议会规定为国定教科书；18世纪以后，鲁迪曼编写的文法书（Thomas Ruddiman, *Rudiments of the Latin Tongue*)成了标准教科书。

18. 阿诺德（Thomas Arnold，1795—1842），英国牧师、教育家。牛津大学毕业后，曾任罗戈比公学校长，尽力改革公学。设置近代语言和数学等课程，扭转公学偏重学习古典的传统，努力塑造学生的人格。后来又回到牛津大学执教近代史。坚持广义的教会主义，他对牛津大学教育改革运动取否定立场。

19. 洛克在《教育漫话》(*Some Thoughts Concerning Education*)中也谈到这个问题。

20. 霍埃托利(Richard Whately, 1787—1863),英国宗教家、逻辑学家,任牛津大学学监、圣奥尔巴恩斯学院校长等职之后,任达布林红衣主教。他不仅在神学和经济学领域很活跃,他的逻辑学成就也得到密尔高度评价,成了密尔复兴逻辑学的动力。

21. 关于密尔自己学习法语的方法,得到塞缪尔·边沁帮助去法国学习一年。可以参见他的《自传》(《我的知识之路》,外语教学与研究出版社,2009 年,第 67 页至 73 页)。

22. 欧洲拉丁语系,包括法语、意大利语、西班牙语、葡萄牙语。

23. 引自 *Leviathan*, I, *iv*。原文是"For words are wisemen's counters, the do but reckon by them, but they are money of floos."。

24. 休谟(David Hume, 1777—1859),英国哲学家、历史学家、政治经济学家。这里说到的《英国史》,是 1758 年出版的《英格兰史》(*The History of England*, 1754—1762)。

25. 哈拉姆(Henry Hallam, 1777—1859),英国历史学家。牛津大学毕业后,当律师;父亲死后得到一笔遗产后专门从事历史学研究,政治倾向于辉格党。主要著作有:*View of the State of Europe during the Middle Ages*, 1818'*Constitutional History of England, from Henry VII'S Accession to the Death of George II*, 1485—1760. 1827'*Introduction to the Literature of Europe in the 15th, 16th and 17th Centuries*, 1838—1839。

26. 麦考莱(Thomas Babington Macaulay, 1800—1859),英国历史学家、政治家。剑桥大学毕业后,20多年一直为《爱丁堡评论》写稿,作为政论家。后又历任众议院议员、印度参事委员会法律委员、陆军部长、财政部审计总监、格拉斯哥大学校长等重要职务。晚年写的英格兰史,虽过分注重了辉格党的历史,但还是获得很高学术声誉。

27. 文法,原先一般是指写作时如何使用言语的规则,密尔演说中的"文法"不限定于写作书面语言的使用场合,指使用言语的所有场合。

28. 修昔底德(Thucydides,公元前460—公元前400),希腊雅典的历史学家。他对伯罗奔尼撒的记叙,在文学史上也有极高价值。

29. 德摩斯梯尼(Demosthens,公元前384—公元前322),古雅典雄辩家,民主派政治家,早年从伊萨学习修辞,后教授修辞学。积极从事政治活动,极力反对马其顿入侵希腊。

30. 贺拉斯(Horace,公元前65—公元前8),罗马时代诗人。早年在罗马和雅典接受教育，主要是学习古希腊语。最初创作讽刺诗，后来以抒情诗的成就获得桂冠诗人的称号。

31. 塔西佗（Tacitus Cornelius，公元 55—120），罗马历史学家。他的《日耳曼尼亚志》(*Deorigine et suit Germanorum*)是记叙原始日耳曼族的重要著作，著名的史学著作还有：《编年史》(*Annales*)和《历史》(*Historiae*)。

32. 昆体良（Marcus Fabius Quintilian，35—100），罗马的修辞学家。他把培养雄辩家作为教育最高目标，著作对文艺复兴时代的知识界有很大影响。

33. 密尔对辩证法的价值之论述，可以参见他为格罗特《柏拉图与苏格拉底的友人们》(Grote George, *Plato and the Other Companions of Socrates*) 一书写的书评"The Edinburgh Review April 1866; reprinted in Dissertations and Discussions, Vol. III"。另外，还可以参照他的自传相关部分叙述。

34. 原文是"curiosa felicitas"，是佩特罗乌斯在《萨梯利孔》中使用的词语(Petronius, *Satyricon*, p. 29; p. 118)。

35. 原文是" proper words in proper places"，出自萨缪尔·约翰松的《斯威夫特的一生》(Samuel Johnson, "*Life of Jonathan Swift*", *in Lives of the English Poets, Vol. II*, p. 273)。

36. 卢坎(Marcus Annaeus Lucanus,英文称 Lucan,公元39—65),罗马诗人。他最著名的著作是史诗《法沙利亚》(Pharsalia),描述凯撒与庞培之间的内战。

37. 也是洛克在《教育漫话》中的观点,参考该书第 20 章"韵文"。

38. 萨福(Sappho,公元前 612—公元前 592 或公元前 560),古希腊著名的女抒情诗人,出生于莱斯沃斯岛贵族家庭。她一生创作过不少情诗、婚歌、颂神诗、铭辞等。

39. 阿尔凯奥斯(Alcaeus,公元前 620—?),也是出生于莱斯沃斯岛贵族家庭的诗人。他的作品现在只找到一些片断。作品热情奔放,好战、参与政治纷争,也写献给神的赞歌。贺拉斯诗的韵律受其影响很多,所以阿尔凯奥斯在古典希腊诗歌作品中留下了自己的足迹。

40. 维吉尔(Virgil,公元前 70—公元前 19),古罗马诗人。在家乡受过基础教育后,在罗马和南意大利攻读哲学及数学、医学。约公元前 44 年回到故乡,一面务农,一面从事诗歌创作,是古罗马奥古斯都时期最重要的诗人。维吉尔第一部公开发表的诗集《田园诗》(也译作《牧歌》)共收诗 10 首。但是维吉尔最重要的作品是史诗《埃涅阿斯纪》。

41. 格拉伊(Gray Thomas,1716—1771),英国浪漫派诗人,浪漫派中开创风景诗、忧郁诗题材,著名作品是《农村墓地写的哀歌》(*An Elegy Written in a Country*

Churchyard)。后来又在剑桥大学任历史学教授,研究近代史。

42. 彭斯(Robert Burns,1759—1796),苏格兰诗人。自幼家境贫寒,未受过正规教育,靠自学获得多方面的知识。最优秀的诗歌作品产生于 1785—1790 年,收集在诗集《主要以苏格兰方言而写的诗》(*Poems, Chiefly in the Scottish Dialect*)中,该诗集使彭斯一举成名。诗集体现了诗人一反当时英国诗坛的新古典主义诗风,从地方生活和民间文学中汲取营养,为诗歌创作带来了新鲜的活力,形成了他诗歌创作的基本特色。以虔诚的感情歌颂大自然及乡村生活;以入木三分的犀利言辞讽刺教会及日常生活中人们的虚伪。

43. 原文是"simple apprehension"。"apprehension"是通过感觉来把握对象,含有超越知性理解和神秘感觉的意思,"simple"与"immediate"类似,意味着是用感觉以外的言语、推理等手段获得的。

44. 关于数学的论述,与笛卡尔的《谈方法》(Renè Descartes, *Discours de le méthode*)的第二章相呼应。

45. 培根(Francis Bacon,1561—1626),英国哲学家、政治家。剑桥大学毕业后,先后任律师、总检察长、枢密院顾问、国玺尚书等职。因受贿罪被剥夺权力。失去官职后从事著述,从经验主义出发提倡归纳法的科学精神。他认为中世纪经院主义学者的传统演绎法过分依赖三段论推理,怠惰于前提的验证,作为自然科学研究的方法是不严密的,提倡研究自然科学是采用归纳法。

46. 这篇论文是汉密尔顿(Sir William Hamilton)在1836年1月号《爱丁堡评论》上发表的《作为精神训练的数学研究》(*On the Study of Mathematics as an Exercise of Mind*)。他对黑维尔《作为博雅教育一环的数学研究》(William Whewell, *Thoughts on the Study of Mathematics as a Part of Liberal Education*, 1835)一文过分强调数学必要性提出反论。

47. 详细过程可参见密尔的《逻辑学体系》(*A System of Logic*)的第三、四章。

48. 参照密尔的《自传》。第一章相关内容。

49. 原文是"school logic",这里指当时学校里教的逻辑学,也就是传统的亚里士多德的演绎法的三段论。

50. 密尔对有关归纳法的阐释的批判,参见他的《逻辑学体系》第三章。

51. 斯图尔特(Dugald Stewart, 1753—1828),苏格兰的哲学家、爱丁堡大学数学教授、道德哲学教授,属于托马斯·里德的苏格兰学派。

52. 布朗(Thomas Brown, 1778—1820),苏格兰的哲学家,继杜噶尔特·斯图尔特担任爱丁堡大学道德哲学教授,除了支持联想心理学之外,还拥护休谟的因果说,认为因果说与宗教立场可以两立。

53. 公共卫生问题是19世纪英格兰民众关心的社会问题,政府为了改善公共卫生做出很大努力,特别是城市中流行的结核病的预防、治疗成了当时最紧急的课题。密尔家族或友人中也有几个人得了结核,包括他自己与妻子哈利埃特。他在法国阿维尼翁等地疗养后奇迹般地治好了结核,恢复健康。

54. 原文是"the proper study of mankind"。蒲柏(Alexander Pope,1688—1744)在《人论集》(*An essay on man*)中有一节标题就是"真正研究人的是人"(The proper study of Mankind is Man)。夏龙(Pierre Charron,1541—1603)在《论智慧》(*De la Sagesse*)中也有类似的一节研究谈人类真正学问的学者。

55. 比如有:David Hume、Dugald Stewart、Sir William Hamilton、Thomas Brorn James、Mill Alexander Bain等人。

56. 英格兰的临床医生、心理学家哈特莱(David Hartley)根据脑和神经解剖学研究,认为观念是与大脑中的微小震动引起的,与振动有对应关系,所以观念之间联系、组合也是具有生理性的。密尔在这里虽也取"联系说",可不同的是,密尔认为心理现象不能用生理学来解释,只能在心理学内考察。

57. 贝克莱(George Berkley)为了证明上帝的存在强

调"所谓存在就是知觉,所以外部世界只是由于被我们人知觉、被神知觉而存在,两者形成一种因果关系。他的学说引起争论。

58. 莱德(Thomas Reid,1710—1796),苏格兰哲学家、苏格兰学派创始人;历任阿伯丁大学哲学教授、格拉斯哥大学道德哲学教授,受洛克、贝克莱的影响,提倡"常识哲学"(Philosophy of Common Sense)。

59. 哈特里(David Hartley,1705—1757),英国医生、心理学家。从联想心理学出发,把一切心理活动都看作是在时间中产生联想的。

60. 费利尔(James Frederick Ferrier,1808—1864),苏格兰哲学家,安德鲁斯大学道德哲学、经济学教授代表著作是《形而上学的原理》(*Institutes of Metaphysics*)。

61. 潘恩(Alexander Bain,1818—1903),英国心理学家、哲学家。在阿伯丁大学执教逻辑学、修辞学。他是一位很早把心理学作为一门专门学问来处理的学者,为此写过两部著作《感性和知性》(*The Sense and the Intellecrt*)、《情绪与意志》(*The Emotions and the Will*)。密尔逻辑学研究受到他很多帮助。

62. 边沁(Jeremy Bentham,1748—1832),英国的法学家、哲学家,功利主义倡导者,对密尔思想形成具有极大影响。密尔的父亲也把边沁称作是自己的老师。详细可参见密尔的自传。

63. 奥斯汀(John Austin,1790—1859),英国法学家,从边沁那里接受功利主义哲学,在德国留学时学得罗马法,把这两者结合起来开创分析法学学派。是密尔父亲 J. 密尔的好朋友,密尔少年时代受到奥斯汀夫妇的照顾。

64. 梅尼(Sir Henry James Sumner Maine,1822—1888),英国法学家、社会学家。在剑桥大学执教时代撰写了《古代法》(*Ancient Law*),一本历史法学的名著,成为英国历史法学创始人。他探索文明的起源,开拓法制史、社会史的研究新领域。他历任印度总督府法务官、牛津大学比较法学教授、剑桥大学国际法教授。

65. "万民法"的原文是"law of nations",是从拉丁文的英译。拉丁文是 ius gentium,也可以翻译成:各个民族的法,是与市民法(ius civile)相对立的罗马法中的一个概念。不仅适用于罗马公民也适用于外国人的法。世界贸易所需要的财产法和交易法是构成"万民法"的主要实体。

66. 原文是"general utility",即边沁所说的逼近"最大多数的人最大幸福"的行为是正当的,是善行之基准;反之,是不善。

67. 原文是"natural justice"。亚里士多德把国家内应该可能实现的所有正义,叫做自然的正义(physikon dikaion),区别于人为制造的正义(nomikon dikaion)。这一区别是以后法学中自然法与实定法的区别的雏形。自然的正义被作为追求人本性的正义的依据。

68. 原文是"natural rights"。相对于历史上的、或者人为规定的"实定的各种权利"是会随着时代、场所变化发生变化的,自然权利"无论在什么场合都是作为人应当享受的各种权利。

69. 原文是"moral sense"。英国的舍夫茨布利(Anthony Ashley Cooper Shaftesbury)、巴特拉(Joseph Butler)、哈钦松(Francis Hutcheson)、休谟等人提出的根据道德观来追求所有的道德判断的依据,把这种追求看作与良心是同样的,后来也成了思想史上的被叫做良心宗教的清教主义中良心论的源头。

70. 原文是"principles of practical reason"。亚里士多德所称的"实践理性"(nous praktikôs)是统一、控制目的和行为的理性;康德把实践理性作为一种与理论理性相对的、规定意志的理性(praktische Vernunft)。在实施道德行为时,意志的内容是排除自然欲望和出自经验的动机,则理性成了给予自己的法则来规定意志形式的一种原理。

71. 密尔自己在少年时代就在父亲指导下,读了茅斯海姆的《教会史》(Johann Lorenz Mosheim, *An Ecclesiastical History*)、麦克利的《诺克斯传》(Thomas Macrie, *The Life of John Knox*)等著作,详细参见密尔的自传。

72. 比如,路德(Martin Luther)、富斯(Jan Hus)。

73. 比如,笛卡尔、伏尔泰。

74. 特别是剑桥大学地质学教授塞奇威克（Adam Sedgwick）积极提倡大学内部改革。他在剑桥大学的托利尼特学院内讲授的《关于大学研究的讲义》打动了青年研究者们。参照本书中《塞奇威克教授的讲义》一文。

75. 比如洛克在《教育漫话》中就说到"假如孩子不具有作诗的才能，绝不要把这种绝不会成功的事情强加于孩子，使他们痛苦，而且也因为浪费时间是世上最不合理的事情。"

76. 弗莱彻（Andrew Fletcher，1655—1716），苏格兰的政治家、作家、爱国者。

77. 汤姆生（James Thomson，1700—1748），撰写英国国歌词作词诗人。

78. 彭斯有这样赞美苏格兰的诗句："Scots, wha has wi' Wallace bled, Scots, wham Bruce has aften led……"。

79. 托马斯·莫尔（Thomas Moore，1779—1852），爱尔兰诗人。早年学习法律，成为官僚。被罢官后，逃往意大利，在那里结识了拜伦，开始专门从事诗歌创作。作品有：《爱尔兰歌谣》（*Irish Melodies*）、《爱国诗》（*National Airs*）等。

80. 亨利·戈兰坦（Herry Grattan，1779—1852），爱尔兰政治家。他是爱尔兰议会中的爱国党领袖，反对爱尔兰并入英国，争取爱尔兰独立。

81. 卢克莱修(Titus Carus Lucretius,公元前94—公元前55),古罗马诗人、哲学家。他认为一切现象都呈一种因果关系,可以从逻辑来推断,留下的唯一著作是《物性论》(*De rerum natura*)。

82. 密尔自身也很热爱田园和山区自然景色,余暇时经常投身大自然、采集植物,可以参见他的自传。

# 塞奇威克教授的讲义

如果设问：由接受资助的大学[1]是为了达到何种目的而存在？是否应该存在？我们当然会答道："那是为了使哲学［指哲学指导下的普遍的学术——译者］保持活力。"这种回答也成了这几年人们赞成国家对大学经费补助制度的主要理由。为了日常生活的需要，对普通市民进行教育，利用公共补助也许是有用的，但不一定非这么做不可。另一方面，强调并不希望大学成为公共机构的观点，即使不是决定性的意见，也是具有相当有说服力的。他们认为个人竞争无论如何都会带来最好的结果。对于所有那些大众有能力评价其质量的事物来说，它们最好来自对个人激励最为丰富的场合，也就是报酬与其付出的努力成比例的场合，而不是一开始通过政府的监督并对报酬做出保证来激励人们努力的场合，更不是英国的大学那样连政府的监督也能巧妙地摆脱的场合。但是，也有一种不能说一般大众都能做出正确评价的教育，这种教育能够培养出伟大的人物。它能培养出拥有非凡的能力和上进心的，能诱导国民在道德、知性、社会福利等领域做出更大贡献的人物。与此同时,这样的教育也能对社会的有闲阶级施以广博的教养,尽量使他们分享那些卓越灵魂的品质,乐于欣赏他们,并追随他们的脚步——这也是这种教育的目的。因此教育制度的定位必定要不为大众短视的要求所左右,而是要使大众奋发向上为目的。为了实现这样的教育目的,接受资助的大学也就必要了,所以这类大学都公开宣称他们是为了实现此目标。问题是,承担起这样功能的大学一边公开宣布这样的豪言壮语,一边却未能实现这一目标,这是一件非常不光彩的事情。

这些教育目的是人类制度能对其自身提出的最大的要求,这样的目标理应适用于英国的大学。如果不去实现这样目标的话,只是不起任何作用的一种冒牌货。那些大学做得怎么样呢?让我们来确认一下吧!

对知识的探索可以造就伟大的头脑,在这点上英国曾经是出类拔萃的。然而今天的英国是怎样一种状态呢?让我们来听听欧洲人普遍的看法吧!人们认为今天的英国能得到正面评价的只有造船业、运河开凿和铁道建设等产业;在知性方面,英国的优点只限于还保持一种不是毫无节制、有节度的埋智,可是缺少高度目标的追求;只擅长于那些要求人像机器一样精确的事项。毫无疑问,这也是一种可贵的素质。但是,人们也确实不能依靠这样的素质来提高自己的人性,不能就此来克服社会改良所遇到的障碍等困难。你们不妨询问无论哪一位善于思考的法国人或德国人：是怎么看待英国的？无论他们持何种立场——无论对我们有多么友好，对我们的制度有什么好感——无论他们对本国同胞的缺点和错误有多少了解，他总是会觉得英国人的思想缺乏更延伸的、统领性的观点。他们发现英国人对所有事物都是根据狭隘的、事物本身的依据来商讨、决定，更加普遍适用的原理的光芒并不能照亮一个个具体事物。而且你会发现，只要明天或后天议会或其他宪法授权的机构没有安排投票，那么无论什么问题都不会得到讨论。受过法国、德国教育的青年人，都对探索研究充满了热情，我们英国青年怎样呢？在狭隘的数学、自然科学之外的宽广的领域里，那种探究真理、为了思考而思考的向学求知者一个也没有。我们都知道归属各个宗派的宗教家是怎样的人，除了他们，整个社会无论哪个阶层几乎都不关心有关人性和人生的重大问题；对人类社会的特性和原理、文明的历史或哲学有好奇心的就更少了；他们也不具有一种信念——对这些问题的探索能得到唯一重要的实践结果。虽然在欧洲大陆的哲学家中，吉查是最为推崇英国的一位，但是就连他也说，"在英国即使重大事件也不会像在其他国家一样激发出伟大思想。"[2] 他们看来，英国的东西比制造出它们的人更好。

对思想这个最崇高的课题，我国国民的精神处于一种休眠的状态。在其他方面我们英国人也是一个正在衰退的民族。我们如果想到正如在罗马帝国末期已经能够看到的那样,所有的知性活力和男性的动力都消耗殆尽,也就不会对今天英国民族的衰退感到惊奇了。但是事实却完全相反。英国哲学家们在欧洲处于领导地位的时代到现今这一时代为止,英国保持、强化了自己在其他方面的优越地位。因为英国的财富以及比财富更强大的权力,都不计其数地不断增加,文明遍及了英国领土最边远的地方,国民的生活方式和趣味也得到了洗练,更加具有人性。英国国民甚至成了文明人与未开化民族区别的最有特征的国民。"为了公共目的协调"的能力和判断力都超越了其他民族。图书和慈善事业的普及,对公共事务关心的高涨等事情上,"旧世界"[3]其他国家国民都不能与英国国民相比。这些变化是由于人们把注意力转向改善未能接受我国两所接受财团资助的大学(牛津和剑桥)教育的普通国民精神和环境的结果。但是另一方面,高深的研究却陷于低迷的状态。考虑到这些现象,我们就会感觉到接受过这两所大学教育的人们身上总有点什么重大缺陷。推动高深学术研究是大学的重任及存在的目的。除了通过高深学问研究向社会输出一部分拥有广博知识、特别能力的学生,还送出一大批利用所掌握学术精神为人生目的发挥作用的学生——这也是高等教育机构的义务。[4]

造成今天大学还在不断呈现衰退现象的原因,恐怕是任何大学也难以抵挡的,尽管大学反反复复作了无效的抵抗;另一方面也反映了大学对遭受失败有坚韧的承受力。站在大学领导地位上的人们,没有一个人发出过诸如"自己付出了全副身心的努力却毫无结果","最大的辛劳却毫无回报"之类的牢骚,甚至没有透露过一点点抱怨;另一方面,除了在国民们抛弃了以参加选举为职业的政客,对教会失去了热情,呼吁让非国教徒也能上大学等问题上,他们从未对国民的思想状态表示过不满。相反地,他们总是吹嘘自己的尝试不断获得成功,总是在赞美祖国的荣耀和幸福,因为它的年轻人接受了那么好的教育,并且他们以此为荣。当有人提出这样的疑问:这就是大学应有的状态吗?他得到的回答不是他们已经尽力了,而是他们抵挡不住时代的潮流。也许有人还要为自己取得的成就满脸春风得意地反问,"当前英国培养绅士的教育难道不可以说是一种出色的教育吗?"只要不谈及取消对大学的资助,或者限制它们的垄断地位,一切看上去都很好[原注1]。大学就是这样自吹自擂自己的努力及其成果,于是,在英国有教养的阶层中,哲学——不是指特定的学派,是指哲学整体,对于广泛领域的思考——越来越遭到厌恶和贬低。该阶层是否也蔑视和鄙夷那些有资质的哲学教师,或者不再听他们讲课了呢?远非如此!尽管原先作为大学存在的目的和理由——学术研究本身也在不断衰退,大学却继续保持繁荣;尽管教师们也知道自己执教的内容都是一些不久就会被人们忘却的东西,可是他们变得富裕,也拥有了更多的名誉。

如果一个对英国知识分子的现状和未来深感兴趣的睿智外国人也考虑了上述问题的话(这很有可能),可以想见他定会如饥似渴地抓起我们面前的这份出版物。这本书最初是剑桥大学的教授为与剑桥大学有关的人们写的,讨论剑桥大学学术研究模式的讲义。之后,应人们的要求正式出版了。书中包含了剑桥最为卝明的成员之一对该校的研究模式,或者说是为该校所推崇但在学生中接受者寥寥的研究模式的看法。塞奇威克并不是那种大学里的老夫子,因为本人出自那个体系就为其辩护,并且在看待一切事物时都要从该体系出发[请参看他对贝巴利(Robert Mackenzie Beverly, 1797—1860年)的回答][5]。虽然他脾气不太好,但不是一个顽固不化的、一味拘泥于自己从属组织的那种人。无论是剑桥的教授方法,还是教学内容,他既谈长处,也涉及短处;他的学术抱负也很高。塞奇威克对哲学也抱有极大的期待,这本书其实也表明了他具有最高的哲学资质。因此,他对剑桥的教育模式有何看法,根据他身上所展现的特质可以对剑桥产生什么印象(他是个很好的剑桥人样本),这些都是我们感兴趣的。

无论塞奇威克教授的《讲义》对前一个问题有何价值,从作为讨论的结果的后者可以知道《讲义》是非常重要的著作。塞奇威克教授说:"这讲义主要是为了年轻人讲的"但是,接着又说他希望表述的是:"对别的听众宣讲这些也不是不适当的做法。"他谈到了学术文化中几个重要分支的价值以及追求它们时应有的精神。不仅满足于此,他在序言中明确表明自己的野心——目的在于要想击破所谓的道德功利主义理论:"我批判道德功利主义理论不仅是因为这理论是基于错误出发点,而且因为认为这一理论会对相信它的人的行为和气质产生恶劣的影响。"

这是一个非凡的宣言!因为它宣布:不仅要反驳一种道德理论,还要追踪这样的道德理论给相信这种学说的人的行为、性格带来何种影响。再也找不到比测试哲学能力更高级的试金石了吧!我们拭目以待,看看塞奇威克教授是如何来完成以上两个任务,还要看看他是否胜任承担这样的课题任务。

一般来说,作者都会用某种方法提示自己的主题,再用某种方法向读者展示课题的概要。而我们只要读到这两个方面,就能在某种程度上对作者论述课题的能力做出评价。可是塞奇威克《讲义》开头部分叙述的事项难以给人留下好的印象。他在开陈自己对剑桥大学学术研究问题的意见之前,首先一定要说明一下该校的学术内容。第一部分是数学和自然科学,第二部分是古代语言和古典文学,第三部分是精神科学和道德学(假如洛克和佩利处理的那些小问题可以冠以这样的学科名称的话）。对于塞奇威克著述的目的而言，学术只要采用这样的命名法就足够正确了，可是假如他真要捕捉学术的形而上学特征的话，那种命名法就绝不会是他所说的以下那种状态了：

> 剑桥大学的学术，在世俗知识范围内可以分成三个部分。第一，关于自然法则的研究，其中包含了归纳法哲学的整体；第二，是古典文学研究，换言之就是研究有关古代世界中最有名帝国历史上最杰出人物的感情、思想和行为的真实记录。我们从这些著作中探索贤明行为的典范和基准乃至审美标准；第三，对作为个人和社会存在的我们自身的研究，这个项目中包括伦理学、形而上学、道德哲学和政治哲学以及属于同一种类的、内容极其复杂的学科。虽然学生单靠剑桥大学教学课程几乎都不能涉足其全部，可是这些都是他们毕业后进一步积累知识后所追求的学科。

上面短短的一段叙述中就有很多表述和分类上的错误。他把"自然法则"和"对作为个人和社会存在的我们自身的研究"分别作为独立的、单独的研究。可是，在研究我们自身时，不也就是研究我们本性的法则吗？他还把"归纳法哲学整体"作为一个类目，把"伦理学、形而上学、道德哲学和政治哲学"归入其他类目，假如后面这些学科都不归入归纳法哲学之内，它们到底应该属于什么哲学的范畴呢？基于经验和观察的哲学不都是属于归纳法哲学的吗？原注2还有一个问题：塞奇威克把伦理学和形而上学视作不同科目,这有何意义呢？道德哲学要么就是伦理学,要么属于形而上学的一个分支,两者必居其一,它要么是关于义务的知识,要么是关系到让我们履行义务情感的理论？这也是两者必居其一。他关于古典文学的叙述,不也太粗略了？也许一开头也没有必要再多说些什么,但是照他的说法,岂不是古代希腊、罗马人著作中,除了一些名人传记,其他什么都没有了？

缺乏准确表达自己想法的能力,这几乎总是意味着那种想法本身就是不准确的,因此我在上面对这些专门用语的批评绝非吹毛求疵。可是塞奇威克的《讲义》还向人们提示了更加值得我们关心的极其重要的问题,下面我们只侧重对这些重要问题展开议论。

塞奇威克教授关于大学学术研究的概说是从"自然法则研究"开始的,更加正确地说,是从物质世界的法则研究开始谈起的。对于一个做过全局性思考的人来说,这是一个无限宽广的研究领域,对大学生来说也可以说是特别有益的。在大学生理应达到的教育阶段,可以把他们从个别科学的、细部的、一个个的微观考察中解放出来,升华他们的思想,教会他们将科学和人类文化视为整体,认清不同学科在前者中的位置和在后者中发挥的功能。也许事实上个别地考察自然科学也是无法进行的,可是,采用霍布斯、笛卡尔所说的"方法"[原注3,7]分析的结果,在自然科学教学中还是留下很大余地,照亮了一个又一个自然科学研究逼近真理的过程——照亮了各种各样的科学从特有的逻辑发展到普遍逻辑的过程。我们能教给学生有关科学方法分析的结果,比如:如何评价成为各种各样科学的基础不同种类、不同程度的证据;如何把这些证据应用于我们的研究方法之中去;各门科学评价证据的习惯是否适用其他课题;其他不同种类的证据是否适用于这门科学;如适用,具有何等程度可能性等等。接下来就容易进行更深入广泛的研究,即这些自然科学研究对人类精神有何益处?在一个好的知识分子必备的习惯和能力中,有哪些可以通过这些研究来培养?有哪些是它们无法培养的,甚至会产生阻碍(有这样的例子)。而且,我们正在从事这样的研究——我们在探索是否能够通过其他的某种研究、知性训练或者普遍的考察、读书、思考来弥补这种欠缺?于是,塞奇威克教授表示(他对这类问题的辩论一直充满了热情)这类问题通常需要大声疾呼,数学和力学乃至实验物理学、博物学,都能为培养坚韧、正确的理解力发挥作用,可是,即使掌握了这些科学,仍然无法将两种理念结合起来,从而在其他课题中产生有用的结果。我们要教给大学生们的,不仅要使他们对自然科学已经取得的成就能做出正当评价,同时还应该使他们懂得自然科学作为通用教育的一个领域,是形成伟大精神的初级阶段,也是获得高度教养的必要手段。关于大学学术研究的概说的论述中，对自然科学研究的普遍倾向，比如对分析和抽象思维的习惯对人的影响略做些探讨，即使不能说最适合，也是一个完全不错的场合。假如没有养成分析和抽象思维的习惯，人的精神完全隶属于偶然的观念之集合体，容易为表面现象所欺骗，对权威的观点只是囫囵吞枣地接受。反之，如果过分强调它们的培养，那么虽然能强化手段与目的、结果与原因间的联系，却削弱了其他许多联系，而它们正是我们的快乐和社会感情的基础。在面对对象时，假如让我们的大脑习惯于仅仅考虑那些可以作为分类和命名依据的性质，把对象作为一种个体来思考的能力往往会变得贫弱起来。因此，就应该在探究各种各样个性和状态——具体地研究对象而且又是非常类似的研究中，去寻求纠正、对抗将对象抽象地处理的研究的那种原理。这就是对最多方面的现实加以处理的研究，而诗和所有形式的艺术相当于这样的研究。

如果哲学家都取塞奇威克教授在《讲义》中关于大学学术研究的立场，只要篇幅允许，他们也会对上述问题（还包括许多同类的问题）进行具体说明、论证。不过受条件所限，塞奇威克教授提出的只是些司空见惯的东西，如探索自然世界之谜享有最高特权，能培养抽象思维习惯和养成"专注能力"之研究的价值，以及用科学探索将我们从倦怠和空虚中解救出来等尽人皆知的真理。

虽然他附加了一句"高水平科学研究让我们感觉到个人能力是有极限的,因此起到了充分抑制傲慢和知性自满的作用。"下文还为证明宇宙中存在神的意志做了论述,但也不能指望他就这些问题提出什么独创性的观点,关于这些问题特性的议论,只是表明了无论遭受怎样激烈的批判,他都要捍卫自己的弱点。

教授的第二个论题是古典语言和古典文学。他从"惊异感"讲起,谈到他职业上掌握的一些方法。之所以这么说,是因为他既是地质学教授,又是神职人员。[6] 完成包罗万象的工作也可以说是神职人员内在的一种职业倾向[7]。自然神学的作者认为,上帝的伟大和智慧是无法一劳永逸地证明的,他们必将在一草一木中不断发现新的证据,而且他们认为只有惊异感才是上帝伟大的证明。可是,对于很多人来说,惊异的事物只要被说明过一次,就不足为奇了。因此他们想来,人类倘若能理解掌握在上帝手中的宇宙众多的法则,就会产生上帝并不那么伟大的那种漠然的感情。而且,他们担心做了最明白的说明将使俗人失去惊异,所以那是难以容忍的。

塞奇威克教授所举的惊异感例子是极其单纯的事情——孩子们的语言习得方法,他如是说:

> 我们都会想起这样的事情——孩子们都能够惊人地、很简单地掌握人们约定俗成的那些思维符号,而且那时不仅学习了表记视觉观察的事物词语的意义,同时

出于本能也理解了抽象词语的含义。他们实际上是完全不考虑抽象词语与感觉到的对象之名称（词语）之间的区别。孩子的这种容易习得语言的能力也可以称作理性的本能。孩子们在掌握知识、学习运用思维工具的方法阶段，对自己内心产生何种变化一点也不知道。他们同样一点也不知道眼睛的结构、光的特征那种知识，只意识到视觉上留下的印象，对各种各样印象起了合适的名称。

没有必要对这段援引文字再补充什么说明了。也许我们能对教授在这段文字中作为形而上学典型的例证作如下评述[8]：假如把不能理解其机制的行为作为理性的本能，那么我们是出于本能学会舞蹈的。因为舞蹈教师和学生们几乎都不知道关于自己不断指导或练习导致活动起来的肌肉的知识。难道如果我们不知道种子在土壤中怎样发芽，就是依靠"理性的本能"种植小麦的？我们不是通过本能，而是通过经验知道小麦会在土中发芽的事实，相信这一点再去播种的。孩子们是通过耳朵听到人们言说某个词语，然后根据极其普通的联系法则把那个词同它所代表的意思被传达的各种场合联系起来才掌握语言的。这样的语言习得方法，对于抽象词语来说，与形成正确的概念相比，更多的时候是形成暧昧的、不正确的概念。所以大多数人一般使用抽象词语时，许多时候概念的理解是不正确或者是模糊的。与学习其他事物相比，孩子们幼儿期学习语言速度之快没什么值得惊奇,人出生后的两三年中可以毫不费力地学得比之后以岁月中最大辛劳、两倍时间学到还要多得多的知识,这是众所周知的事情。虽然原因有很多,这里只举一个就够了。我们在出生后两三年中学到的知识全部与最迫切的求知欲有关,对来自外界留下印象的注意力还没有因习以为常而变得迟缓,而且不像成人那样会受到先前已经积累起来的内在观念、感情的左右。

对教授的关于古代语言教育想法中的一般倾向,我没有任何异议。我们和他一样,也认为"我们的前人成功地把古典研究变成了博雅教育早期和首要的部分";也完全赞成他的建议,即"我们(剑桥的大学人)今后应该花费比迄今为止更多的时间研究希腊、罗马的哲学和逻辑学著作"。从以下援引的两段文字,可见他的开明态度值得肯定:(那是因为他那甚至还承认大学教学法极为细小的缺陷的开明态度,在英国大学教授中也可以说是非常难得的。)

众所周知,在过去的许多年间人们都十分热衷于文字批判,这里我所说的作品虽都是切实地诉说生活现实,能为强化思维能力提供贴切的知识的作品,可几乎不能使得大多数人对它们回首一顾,无论哪种场合都没有被作为学术训练的重要素材。

我认为没有反驳余地的真实情况是,最近50年中,我们的古典研究(其中也有很多应该受到一致称赞的研究)太多是批判性的、形式上的研究,为此,一方面我们拼命追求最终也难以到达的正确性,另一方面与这些古典的内容相比,我们更加重视它们的形式来进行教学。今天假如要求我们的学生用古代希腊文撰写类似色诺芬那样纯正的散文,或者写出雅典时代诗人那种无可挑剔格律规则和抑扬顿挫的诗来,我们不禁怀疑,他们是否有充裕时间来完成这样的写作?与其浪费漫长的岁月并最终以字面模仿收场,我们是否应该更明智地把时间花在培养想象力和品位上。简而言之,无论这些东西多么美丽,为了得到它们我们是否牺牲了更好的东西呢?至少以下的事情是确切的:人们忘记了言语是思维的符号,不过是一种传达意义的手段。假如一个对自己正在学习的言语所传达的感情一点也不明白的人,虽然正在学习古典诗歌的韵律、修辞和格式,而却未受其活的灵魂感动,灵感也没有被唤起的人,与那种见到倒塌的寺院只会正确地数寺院的阶梯和柱子的数目,但对寺院的美、结构和装饰不能产生遐想的走访名胜古迹的旅行者,与无视"永恒之城"纪念碑却能数清古罗马阿比亚古道铺了多少石头的人有何不同?

这段引文,特别是最后的举例相当精彩(虽然就像常有的情况一样,举例并不能说明问题),如果我们忽视了这些,真要后悔的。因为塞奇威克教授的《讲义》的各处都发挥了充分的想象力,可是其他地方的事例都没有这段文字里的例子具有的雄辩力。如上所述,我们全面赞成教授提出的要在教育中给予古典文学一席之地,至少不能低于它目前在大多数情况下享有的地位。他的观点虽然正确,可是我们认为他提出的理由却大部分是错误的,比如:

不仅就整个民族而言如此,即使个人的场合也是如此,想象力比理性要更加成熟。与严密的科学研究相比,语言研究更为早熟,特别是所有文明国度必然产生的称谓文学经典的、由丰富的想象力创作出来的作品研究的更早出现,就是一个例证。

塞奇威克教授对"想象力"与"理性"的判断,不仅不是那种不需阐释就自然明白的真理,而且借用柯勒律治的说法,明显是谬论。我们能说因为《失乐园》[9]是教授所谓的"由想象力创作出来的"伟大的文学作品,比它就一定《天体力学》[10]的诞生要古远,就一定是由更不成熟、发展更不完善的头脑创造出来的吗?学生们在到能允分理解欧几里德和拉克洛[11]著作的年龄之前就能评价埃斯库罗斯[12]和索福克勒斯[13]的作品吗?就民族而言,一般意义上的想象力和理性经常是同时开花的,必然如此。塞奇威克看来,难道想象力构成的伟大作品都是不必借助理性伟大的力量就能单独创作或者说自然而然孕育出来的吗?古希腊、罗马或者法国、意大利、英国等国家的诗歌和其他艺术所有领域的顶峰时代,也经常是伟大的政治家、军事家、雄辩家、历史学家、海洋探险家乃至实际生活所有领域中的思想家活跃的时代。虽然这样的时代不是这些国家诞生最伟大哲学家的时代,那也是因为实际上哲学是理性自身最后的产物。<sup>原注4</sup>

在博雅教育中,我们将古典研究放在比被塞奇威克教授称作"严密的科学研究"(指数学和应用数学研究)更加高的地位。我们这样做的真实理由是:相对于古典研究启发精神整体,科学研究只是启发人的精神的极小一部分。数学的对象不过是数与线,而古典研究的对象则是人生,从最崇高的人生到最普通的人生都是它的对象。数学中唯一发挥的能力是推理能力,它具有只有在它容易发挥这样能力时才能发挥出来的特征。可是古典研究中还含有部分养成知性及其习惯的营养成分,于是,假如要问数学家与古典研究学者的知识相比,谁多谁少?我们认为,公平的回答是:与数学家相比,古典研究学者的优越性表现在,无论怎么说,他们的经验更加丰富一些——这是可以证明的。希腊、罗马的文学教学手段为何比现代文学教学手段优越?我们用这样的理由来说明:希腊、罗马文学之外的文学中,人类精神必需的各种各样的养料都是点点滴滴分散在各处的,一本书只含有那小部分极其狭隘特性的精神粮食;相比之下,我们可以把一部古典文学作品当作一个源泉,可以吸收形成人格的全部营养,可以在作品中与美的感觉、崇高的人格美产生共鸣,这样不仅形成最多方面的思维能力,而且这些能力不是零星的而是同时达到最高的高度后付诸实践。

我们与塞奇威克一样,也赞成应该在年轻时学习古典语言,可我们并不是像教授考虑的那样,让年少的学生在单一学习数学方程式之前去理解、体味"由想象力创作成的伟大作品"。我们认为,年幼时期学生可以不费力地超越由于机械作业带来的困难,学习复杂的却义是整体的语言,对于锻炼年轻人的潜在的理性(不是想象力)是最有益的训练。希腊文、拉丁义的文法是逻辑分析、形而上学分析的典型,在年轻时,古典语言以外的所有博雅教育中任何一门学科的学习,都不能替代古典语言的文法学习的地位。

推崇古典学术研究的这些理由,就其内容来看都具有充分的说服力。[14]但是塞奇威克教授的《讲义》中连一句话都未曾涉及理由,取而代之的是,反复强调古典作为"典范"、"样板"的价值,可是在我们看来这尽管把古典作为有用东西来称赞,却是滥用了古典知识。而且即使对剑桥大学年轻的学生来说,这也是非常错误的教训,古典研究对于现代人是一种不能言传只能意会的好事情,仅仅依葫芦画瓢的模仿,会让这种益处受到不小的损失。与内容相比模仿"样板"必然更重视形式。模仿古典,完全扭曲了现代欧洲人关于文章的情趣。我们把文体与思想切割开来,只是把文体作为一种教养来称赞,而在希腊、罗马人那里文体是完全从属于内容的。

希腊、罗马人（至少在古代希腊、罗马文学最盛时期）抽象地考虑文体，犹如抽象地考虑穿一件怎样的"外套"那样，在他们看来，文体的价值在于是否完全适合其表达的思想。他们最初的意图是仔细耐心地研究主题，认为值得表达的思想才是自己追求的东西，其次才是寻找正确传达这种思想的言语。这两点完成之后，再考虑修饰工作。因此，他们的文体都是他们自身思想倾向的产物。古典作品也许能受到不同思想倾向的人们称赞，但绝不可能被他们模仿。塞奇威克教授必须教给学生的绝不是如何根据经典撰写文章，而是自如地创作出最适合表达思想的文体。他们要亲近文体，但也绝不能仅仅模仿希腊、罗马人的形式，只能勉励学生通过充分考虑自己的主题，开发自己的能力来撰写著述。除了把原著思想作为自己的构思自然形成的文体之外，凡是近似的模仿原著的文体都是不好的形式主义，都只是一种多余、肤浅的装饰。

讨论古代语言的价值时，塞奇威克也涉及希腊、罗马的历史。关于这个论题的讨论，原本应该非常有趣、深刻，可是他只是说了几句极其含糊的牢骚话。他说："历史（学）与有关作为社会存在的人的知识之间的关系，正犹如自然科学实验与有关自然法则的知识之间的关系。"这种说法非常暧昧不清，自然科学学科的教授说出这样的话，真让人有点意外。因为无论谁在研究自然界的法则时，绝不会满足于历史所提供的有关社会法则的证据。历史证据完全不同于实验证据，而历史哲学今天所处的状态恰好是引入了实验方法之前的自然科学的状态。教授应该知道在历史中进行实验是不可能的。因此，就像古人对待自然科学那样，我们也只能满足于身边事物的实验。这样的实验不仅极少，还非常复杂，从中几乎一无所获。也许塞奇威克并不知道，大卫·休谟曾说"我们这个世界的政治哲学还太幼稚。"[15][16]无论怎样的历史事实，有多少种就人类世界的现象思考出来的理论，也就能有多少数量的各种各样的解说。不知道这个道理的人，必然会对原理、历史得出一些可笑的见解；毫无疑问，那些经常依赖历史的人也会犯同样的笑话。真正精通历史的人，应该很清楚历史真正的价值在哪里。[17]历史并不是政治哲学的基础；相反，为了说明历史，就需要植于最深处的政治哲学。没有政治哲学，即使是有理解价值的历史上的事件，也都不能得到解决["得到解决"是指得到正确解释——译者]。塞奇威克能说明希腊人为何在那么短的时间内凌驾于其他民族之上，为何罗马人能征服世界诸如此类的问题吗？成为政治睿智的、真正的基础，并不是关于历史人物的知识及其所处环境的知识，也不是实际今天已经不能知道的关于过去时代人们的知识，而是我们能够知道的关于同时代人们的知识。[18]无论人物也好环境也好都凭借这样的基础知识。塞奇威克误解了政治考察中历史的功能。历史（学）不是社会科学的基础，而是社会科学的验证。

历史检验政治的真实性，往往对此做出一种暗示，可是绝不能证明。证明政治的真实，要从关于人的本性的法则去着手。现实知识是通过内省、探索自己，以及通过实际交流、观察人类获得的。不可否认，知道过去的时代和知道外国的事情一样，尽管有各种不完美，可是能矫正常有的个人经验的狭隘性。但是，历史有用的特性，根本上还是通过把历史放在次要的位置上才能保持。

教授完全没有关注思维或表达的正确性之重要。他说："在古代史中，几乎可以找到在人类所有的政治、社会生活条件制约下的命运的轨迹。"很明显，这说法并不真实。因为古代史并没提供文明开化的国家的居民大部分不曾是奴隶的实例。他还说："我们考察的所有的接一连二的事件，因为与我们有时空的隔阂距离，所以反倒可以不像观察所有现代政治问题时那样被偏见的迷雾所歪曲，能够看到这些事件之间的相互关系。"事情果真这样吗？我们来了解一下现代学者对古代史的看法吧！我们能够入手的记叙最详细的一部希腊史著作，通篇充满了反雅各宾精神，[19] 而《评论季刊》就像它花费了数年时间来诽谤雅典共和国那样诽谤美利坚合众国。

到这里为止我们从塞奇威克论述中见到的错误，都不是因过分积极导致的出错，而是其怠惰的结果。或者说几个出错不妥的地方，都是因为他重复那些自己认为是普遍的、实际是陈腐的观点所造成的，他对上述事物观察也都缺乏思想的深度和力度。[20]假如在《讲义》的后半部不再出现更大的[21]谬误的话，也许我们也就应该默默地把这些问题遗忘，不再追究了。

可是在这里我们却能看到塞奇威克教授《讲义》中最煞费苦心部分的开始。后半部都成了批判洛克的《人类理解论》和佩利的《道德哲学原理》[22]的段落。这两种著作是剑桥大学教授的（或者说它自称教授的）伦理学和形而上学课程仅有的内容，塞奇威克《讲义》的后半部分是专门为了攻击这两本书而撰写的。

当然，我们并不认为所有的哲学学院在相关课程上都应该把它们作为教科书来使用，更不认为它们应该成为独一无二的教科书。佩利的著作中我们可以读到不少微观的长处，但作为整体比较贫弱。洛克的著作开辟了现代分析心理学的道路，成了这门学科的基础，就此我们不得不对他最大的敬意。无论是否承认它是在哲学领域划时代的著作，我们都不得不承认它在现代思想中应具有的价值，作者为真理的献身，优秀的、打动人们心胸的真挚和率直（洛克不仅把上述这些特点在著作中一口气地表现出来，而且与其他作者相比，更具有给读者带来强力印象的力量。）所以我们认为学生们都应该熟读他的《人类理解论》。可是150年前诞生的这本书，要把它作为给学生讲授精神科学那样的科学的唯一教科书,或者主要教科书,都很难说是合适的著作。以形而上学为中心的真理,所有的新的真理,都将迄今为止作为真理接受的其他许多理论,或抛弃,或修正。由于贝克莱主教打破了抽象概念的理论,所以对洛克著作中最有价值的部分中所采用的语句的修正,就变得完全必要了。休谟开始的,后来通过布朗[23]完成[24]的关于人类经验性质的重要思考,就连不完全接受他们结论的哲学家们,也认为他们对知识分析,对获得知识过程的分析,已经远远超越了洛克分析的立脚点,因此洛克的著作有必要全面改写。

况且,改变学科面貌的作品,即使其理论上并无创新,也很少适合作为教材。它们的受众不是对所有理论一无所知者,而是那些接受过某种错误理论熏陶的人。就像本书一样,它的主要篇幅是与之前盛行的错误正面交锋。这项工作越是做得完善,它就越显得啰嗦,甚至没有评注就难以理解。即使在为书中正面的真理辩护时,作者考虑的也只是自己时代的反对意见,或者当时人对他的观点可能产生的误读。与自然哲学不同,道德和形而上学的问题会随着人类思想的每次改变而发生变化。在不同的时代,同一个问题面临的困难也必然是不同的,而同一个真理也需要不同的说明。在一个时代被成功反驳的谬误会在另一个时代以新的形式重新出现,而过去的论断将不再适合,直到有人用适合该谬误新形式的武器再次击败它。

这些观点特别适用于洛克的著述,他的理论是新的,并为更新的所取代。所以洛克著作的对象是受过系统训练的人,不是入门的学生,他是为那些博学的人或笛卡尔主义者们所写的。他谈到的是他所认为的对确立自己的观点有必要的东西,他回应的是他那个时代的反对者可能提出的质疑,但他无法预见到下一个时代将产生什么样的反对者。他最不可能预见到的是现在的那些反对者,因为今天他的哲学早已成为了主流,而反对者的观点已经尽可能地接近于他的主张,这在他颠覆了他那个时代某些被认可的观点,从而为新观点扫清障碍之前是不可想象的,在他之前从未有人想过要挑战那些观点。原注5

所以,批评洛克没有把对支持自己部分结论必不可少的一些论点放在他所提到的必要论点中,这无异于指责福音书的作者没有撰写《基督教的证据》一样。问题的关键不在于洛克说了什么,而是当他知悉了后世的各种批评后会说什么。然而,虽然从这个角度来批评洛克已经是不合理的,塞奇威克教授却选了一个更加不讲道理的批评角度。

塞奇威克认为洛克的《人类理解论》"最大的错误在于他对人类能力只做狭隘的解释那些观点"。他还说,洛克"虽然承认人拥有内省以及通过抽象推理的规则将思路贯彻下去的能力,但不承认人具有想象力和道德感"。洛克虽然接下来花费几页篇幅极力称赞"想象力",最终却还是一个把想象力"从自己的哲学体系中驱逐出去"的形而上学者(塞奇威克看来洛克是形而上学者的典型)。因为他"对灵魂的最高品质闭上眼睛"遭到塞奇威克的批判。

教授用权威的口吻对这本书做了评价,他一定是读过这本书的,但是恐怕现在已经忘得一干二净,以至于错误地把它看作论述人类所有的能力的论著。面对自己书上白纸黑字的《人类理解论》这个标题,他怎么还能对洛克的书发出那样的批判,就像我们在上面看到的那样呢?[25]还有哪个教授会从以"人类理解论"作为书名的书中去寻找有关想象力的论述呢?在处理人类的理解力的洛克著作中想象力所占怎样的地位?它是如何关注想象力的?

洛克唯一要考虑的是,确认我们认识的界限,哪些问题是有希望解决的,哪些超过了我们的能力。这样的写作目的不仅在序言中明确地叙述了,而且《人类的理解力》的每一章也明确地显示了这一写作目的。他宣称自己开始这方面的探寻是因为在"研究一个全然不同的问题"时,自己突然想到"着手探究这种性质的主体之前,琢磨一下自己的能力,了解我们的理解力对处理何种对象是有必要的。"我们可以援引一下这些他从第一

章第一节起谈到自己思考范围的段落:

探索人类知识的起源、确实性、范围,与此同时探索信念、意见、赞同的依据和程度。

考察人类的识别能力与其考察对象有何种关系。

对我们的理解力发展到获得今天这样观念的过程做出说明,还要认定我们知识确实性的尺度以及在人际能看到的信仰的依据。

分清意见与知识的界限,还要讨论以下问题:当我们不能拥有确实的知识的场合我们将采用何种尺度来规范我们自身相互之间的认同?应该把这样的相信作为确切的东西吗?

还要通过对理解性质的探究,了解我们的理解力能到达何等程度,至少应该达到何种水准才合适?在何种场合会不起作用?

说服忙碌的头脑在遇到超过自己理解力的事物要取更加谨慎的态度,不要轻易动手,当我们到达能力防守范围极限的时候,让自己停下来,面对那些超越自己能力界限的事物时要满足于无知的状态。

洛克承担起的是在上述范围内的、具有严密科学性质的工作,他的思想中充满了想对人类理解力完成一场哲学革命的精神。这样的哲学家为了不超出自己论述的主题，所以不去赞颂想象力，却被非难为他说过想象力是不存在的，想象力是有害的。不！实际上（洛克）甚至被指责为他在说想象力这样的东西不存在的同时，还说想象力是有害的。（塞奇威克的批判的确达到了这种奇思妙想的程度）教授说洛克"从人类身上剔除了想象力，把这种能力从自己的哲学体系中驱逐出去了"。与此同时，他"只是为了批评想象力而提到想象力，把调动想象力作为欺骗理性来告发。"从塞奇威克的论证方法出发的话，也许也可以这样说，洛克没有不断说到肉体如何优美、诱人，所以他或者否定了人类拥有肉体，或者责难人类驱动肉体。塞奇威克不能想象洛克那种精神状态，因为后者完全埋头于论述的主题里，以至于当闪现一个念头时因为注意力过分集中而没有到岔道上去转一转。洛克确实一步也没有涉足作为喜悦的源泉、作为情操教育的手段的想象力的本来所属的领域。那些问题不合洛克的兴致。他对想象力的关注，始终局限于纯粹理性的范围之内，即使在那里处理想象力，也只是向人们警告想象力不要随便离开自己活动的舞台。这也就是塞奇威克所说的"把调动想象力作为欺骗理性来告发"，"想象力成为他控诉的证据一般，把推崇想象力的人犹如看作真正的欺诈者"。确实，洛克说了"想象"不是证明。这么看来，教授是想说"想象"也是一种证明吧？还想让我们也理解他那关于想象力的奇怪的论述吧？但是不能区别理解力和意志的学者们怎么可能有明确的有关形而上学概念的呢？洛克的《人类的理解力》是论述理解力的著作，而教授极力向我们诉说想象力正是影响意志的强有力的原动力。这样的话，九尾鞭也能成为强有力的原动力了，可问题是最终皮鞭[26]成为人类知识的源泉之一了吗？教授说"在被强迫的状态下，意志的决定往往不是理性，而是由感情来驱动的。"不管是否处在被胁迫的状态下，无论哪种状态，意志的决定全都出自感情。理性本身不是目的，理性只是交给我们正确的目的及实现的方法。可是想要实现目的时的愿望，不是理性而是一种感情，因此要对感情产生最有益的影响，应该如何激发想象力才好？——这个问题就变得很重要了。恐怕教授真想说的是：被逼迫的状态下，非意志的决定，即出于理解力的决定"往往不是出自理性，而是由感情来决定"。不幸的是，这却是事实。洛克对人性的这种倾向发出了警告，正是这一警告遭到塞奇威克的非难。原注6

教授对洛克的另外一个指责：洛克还遗漏了"道德判断的能力"，从人类身上"失落了道德感觉"。这个批判最好同他对佩利的《道德哲学原理》的苛责联系起来看。他对佩利的主要批判，也是在佩利否定道德感觉的这一点上。

我们认为人类具有道德判断力和道德感情，它们存在于人性之中是事实。我们的判断，把有些行为、取向看作正确,把另一些行为看作不正确的。我们把判断叫做对行为、取向的肯定或否定,当我们想起肯定的行为、取向时涌现出来的是喜悦的心情;反之,是厌恶和嫉恨的感情。谁都会意识到这样的感情,可是这感情又与其他任何快感和痛苦的感情都不类同。现象就如上述所言,因为是事实,所以没有讨论的余地。可是,有关这些现象的起源说明,却有两种理论,从哲学的摇篮时期以来就有两种不同的观点。其中第一种理论认为,正确、不正确之间的区别是根源性的和无法言明的事实,就像我们能知觉颜色的不同那样,是凭借某种特殊的能力来区别正确与不正确的。伴随着这种知觉的快感或痛苦、欲求或厌恶等一切,都是植根于我们本性的根源性事实,就像对象是甜味和苦味、悦耳与刺耳声音时产生的相同感觉一样。这一理论被赋予"道德感觉论"、"道德本能论"、"永恒、普遍的德性论"、"道德的直觉论"等称呼。支持这理论的人把各种称呼理论中相异处看得很重要,从目前我们的目标来看,可以说这些称呼虽有不同,其实是同样的理论。

另外一种理论认为,与正确、不正确相伴的感情,并不是人性中本源的东西,而是能够加以说明的。这种感情不是出自人的本性某种法则的结果,而是基于与人性之外的复合观念、综合感情同样的那些法则的结果,即道德的行为与不道德行为的不同,不是像我们根据视觉来感知颜色那种依赖特定感觉的本能的知觉、行为,行为本身不具有固有的、附带说明的性质；道德行为是从行为的普遍特性中产生出来的；为了认识这种行为，我们的理性、肉体感觉之外所有的能力，都是不必要的。而且在持这种理论的人们的观点中（至少在那些值得注意的观点中），一种理论叫做功利主义理论。这种理论认为把行为看作道德的或不道德的那种判断的特性，来源于那些行为本身或者产生那些行为的取向对人类幸福的影响。塞奇威克在文中称作"道德功利主义理论"，就是这种意义上的理论。

塞奇威克把这第二种理论主张的观点，说成"否定道德感情的存在"。可是这说法是搞错了论点。没有一个人否定道德感情的存在，都认为道德感情是存在的，而且其存在是很明显的，因此绝对不能否定道德感情的存在。造成观点分歧的问题是：第一，道德感情是一种复合的感情，还是一种单一的感情？假如是复合的感情，它是由哪些复合的要素组成的？这些也是形而上学的问题。第二个有分歧的问题是：哪种行为及其取向是道德感情固有的对象？换言之，也就是这样一个问题：道德的原理是什么？被塞奇威克称作"功利主义理论"的理论就公开宣布要解决这类问题，特别是第二个问题。

佩利采用了这种理论，而采用另一种理论的塞奇威克却对佩利和所有站在他那一边的人表现出极度的傲慢。

我们要强调以下几点。塞奇威克既没有判定佩利的理论是否属于功利主义典型的权力,也没能批倒佩利,而且对采用功利主义的所有人,塞奇威克采用一种自认为理所应当侮辱性的论调,从对方看来是完全不妥当的——对他本人来说也是极不稳妥的,因为他在这个问题上非常无知。

主张追求人类的幸福是道德的目的、主张道德是试金石的人们,必须证明这个主张是真实的,但并不是佩利所理解的主张。谁都不能因为有个号称将自己的体系建立在某个原则之上的作者犯了错,就把他的过失和错误当做否定那个原则的论据。所谓原理,可以是无论多少不同解释所构成的,实际上也是得到不同解释的。不在意这一点的人,就不具有反驳这一原理的资格。对那些从耶稣会教徒或震教徒的观点出发,对基督教的真实性和恩惠做出判断,并攻击它的人,我们到底该如何认识?评判一个理论时必须把它最好的情形作为依据才是有意义的。与其他所有的原理一样,功利主义原理或许也可以从很多不同观点出发加以考察。功利主义的原理假如对这个被远远背离、被误解产生的结果负责的话,那么可以说所有的普遍原理、所有的第一原理,同样要负起这样的责任。信奉功利主义原理的人们的道德信条是否主导他们的道德行为,与他们认为什么是有用的东西之判断有关。同样,持反对的理论,从良心决定论出发的人们,他们的伦理信条是否引导他们的道德行为,也与他们所说的良心命令是什么的问题有关。但是无论功利主义理论还是良心理论,两者之间必定有一个是真实的,因此真正的、毅然决然的态度,并不是对任何一方的误用、曲解和吹毛求疵,而是在了解其容易被误用或曲解的前提下,去确认哪个是真实的理论,竭尽我们全部的智力,努力引导那些诚实的探索者去确定能正确适用于原理的、二次的、中间的规则,有效地驳倒那些诡辩家和不正直的决疑论(casuistry)者。

无论是在基础上还是后续阶段中,佩利的道德哲学观点都存在错误,因此不能把他的书看成是根据功利理论正确推导出的典型结论,或者从中看出该理论在被正确理解的前提下对思想和性格造成的典型影响。

首先,他没有把功利本身看作道德义务的源头,只是把它看作上帝意志的指示,上帝的意志成了一切道德最根本的基础和具有约束力的源头,这种观点(我所指的并非功利是上帝意志指示的说法,而是仅仅将其看作指示的说法)是非常有问题的,并且真的给精神带来了坏的影响,却错误地把坏影响归咎于功利原则。

关于宗教和道德之间联系的各种观点中,只有一种不会毁灭后者存在的必要,它认为上帝没有创造出道德义务,而是承认和批准了它。直到上世纪中叶,在大多数英国思想家的头脑中，责任和服从上帝这两个概念仍然不可分地联系在一起，以至于即使在思想中两者也无法分离。在这些日子里，我们若想到宗教动机和概念是如何站在所有思索行为的最前沿，那么把宗教看成是以其为基础的所有责任的本质也就不难理解了。对于那个时代的基督徒来说，"为什么我必须服从上帝的意志"这样的问题是不敬的。然而，和其他任何问题一样，基督教哲学家必须要回答它。"因为他是我的造物主"并不是答案。为什么要服从我的造物主？出于感恩？那样的话感恩本身就是独立于造物主意志的义务。因为崇敬和爱？那么为什么他是合适的崇敬和爱的对象？并非因为他是我的造物主。如果是个恶灵出于邪恶目的造出了我，那么我的崇敬和爱（假设我具有这样的情感）就应该献给善良的神，而不是那个邪恶的神。因为他是公正、正义和仁慈的吗？那么这些品质本身就是善的，无关他的好恶。如果有人不幸地认为自己的造物主身上有邪恶的地方，那么拒绝那些想象中的命令将比服从它们为他迎来更多的敬意。如果美德只是因造物主的命令才成为美德，如果美德的全部义务性力量都源自他的意志，那么我们服从造物主的唯一理由就是他的权力，而道德的动机也只剩下升入天堂的自私愿望，或者对堕入地狱的自私和奴性的畏惧。

佩利严格遵循了这种道德天性观，他不仅把我们应该对人类行善而不是伤害他们看做上帝意志向善避恶观点的推论，而且把追求美德的动机完全看作是渴望进入天堂和畏惧堕入地狱的结果。

不过，这并不意味着佩利认定人类的感情完全是自私的。毫无疑问，他会承认人类也受其他动机驱使，或者照边沁和爱尔维修的说法，除了纯粹的为自我考虑的利益，他们还有其他利益。但他却说，由这些其他动机促成的行为不是美德的。他认为人类的幸福是道德的目的，但是拒绝把一切由人类的幸福，或者除了我们之外的人类的幸福引起的东西称为道德。他还对美德这个词添加了一个任意的内涵。或许这是佩利出于他在法律的隐喻下的道德思考和表达的习惯。在法律的观念中，通过惩罚确保实施的上级命令的概念当然是主要元素。假设佩利的伦理学体系在基础上就有那么多问题，那么通达各个细部的精神也将不乏可以反驳之处。的确可以证明，这位作者的性格和他的目标都是不符合哲学家身份的。在他身上看不到任何一心一意努力探索真理的劲头，比如对偏见的无畏貌视和直面各种后果的精神，它们是哲学家应有的品质，没有它们就无法取得任何有价值的道德和政治哲学成就。在他的整个体系中，我们都可以看到他试图得出一系列特别的结论，因此不愿或不能允许自己加入任何会对它们产生干涉的假设。他的书属于发行量很大的那一类，还很有可能更加流行，这是对平庸之作的补偿。佩利所做的不是为自己所宣称的目标打下坚实的基础并在上面盖起大厦，而是打造了一些柱子,并把它们安在了已经存在的建筑中。他采用了当时流行的实践道德理论。当时,人类不再满足于仅仅使用或者援引圣经经文来支持那些普遍接受的观点,而是要求为其找到一个哲学基础。不知是有意还是无意,佩利开始努力提供这样的哲学基础。他书中所展现出来的迎合那种需求的能力解释了该书为何如此受欢迎,虽然它缺乏大气和发人深省的基调。这种基调让柏拉图、洛克和费内隆的著作变得非常有用和有魅力,无论人们是否认同它们,都习惯于在表面上流露出赞美之情。

佩利有意识或无意识地努力补充这种哲学基础。这种技能运用于他的著作也是时代需要,为了著作的普及,他们专注于阐释圣经,尽管缺乏宽容和激励的语气,还是收到很多实用的效应;柏拉图、洛克和费内隆的著作同样也带来了魔力,人类习以为常自称对他们崇拜,不管这是不是真实的反应。如果作者一开始就抱有这样的目标,那么无论他的预设原则是什么都没有区别。佩利采用了功利主义原则,毫无疑问,这符合他的知性信仰,不过即使他从别的原则出发,我们也毫不怀疑他会得出完全一致的结论。这些结论,或者说他那个时代被公认的信条,在许多方面是符合哲学要求的(如果不符合的话倒奇怪了)。但是,即使在所有方面都符合,那也不是一个哲学家应有的得出结论的途径。

佩利理论中唯一有悖常理之处是在重要准则上允许了过多例外的存在，人们因此诟病他的道德体系（因为所有对常理的偏离都会受到诟病）。塞奇威克先生当然没有放过这一点，与前人一样，他把这归咎为功利主义原则会产生不道德的后果。然而，引起这一切的正是我们在上面提到的原因。佩利不仅借用了流行的信条，还沿袭了在应用它们时普遍的宽松做法。他不仅需要维护现有的教条，还要为现有的惯例正名。他在同胞的道德中（特别是政治道德）发现一些被普遍接受并为各式人等称道的行为模式，但这些模式无疑是有违重要道德原则的，只有权宜地把它们看做例外才能为其辩护，而唯一的选择就是把它们当做政治上的权宜之计，即出于统治阶级利益的考虑。上述原因而非功利原则的倾向造成了佩利在道德上的宽松，塞奇威克在谈到撒谎、在文章下面签名以示支持和英国宪法滥用影响等问题时本应把矛头指向它。功利原则不会造成这些结果，因为假设会的话，我们近年来就不会听到形形色色的认识对该原则的指责，尤其是这些不良惯例最坚定的拥护者。

如果探求者事先知道结论，他就不太可能花很大的力气为它们寻找理由。同样的，佩利为自己的道德原则所做的权宜考虑也多是最显而易见和最庸俗的。为了衡量行为后果的道德性，我们总是会考虑两件事，首先是它对行为相关各方（包括行为人）外部利益的影响，其次是它对上述人等的性格,以及与性格有关的外部利益的影响。对于前者,一般没有什么疑问,也不会有意见分歧。很容易分辨某行为对于某人自己或其他人的外部利益直接有害还是有益的,至少对于个人的影响是显而易见的。他人必须尊重某个个人对外部事物享有的权利,这些权利完全可以由若干条直白的规则,以及他自己国家的法律体现出来。可是,一个行为道德与否的关键经常体现在它对行为人思想的影响上,比如他对快乐和痛苦的易感性,他的思想、感情和想象力的倾向,或者其他特定的方面。此外,许多行为还会影响行为人之外其他人的秉性。在所有上述情况中,对人类本性和性格形成的不同看法有多少,不同人所做的不同道德判断就有多少。因此,对教育和人类文化拥有清晰而全面的看法是道德哲学的前提和基础,后者的发展程度与前者是成比例的。因此,在这方面我们任重而道远。虽然材料比较丰富,但并不完备。在现有材料中,尚有大部分从未进入哲学家的作品,它们一方面将来自现在的人类观察者,另一方面来自传记作家、诗人和小说家,他们从自己的经历出发,无保留地说出各种真实的人类感情。收集和扩充这些材料将需要几代人来完成。可是佩利不仅没有从教育和性格哲学中新引入任何对道德问题有所启发的东西,连从前者中已经发出的启示之光都没看见。事实上,他几乎没有从这个角度考虑过问题,在这方面的想法是最平庸和最肤浅的。

上面所说的与其是为了强调该问题的重要性，不如说是为了给佩利一个公正的评价，后者的意义显然不如前者。我们更不是为了反驳塞奇威克先生的批评，因为很快就能看到，也许可以更加简单明了地驳倒他。

塞奇威克对功利主义的原则的反驳有两个方面。第一，他认为功利的原则是不真实的；第二，功利的原则是危险的，会招致德性日趋低下。对于功利的原则真实性的反驳散见于《讲义》中一百多处，把这些论述集中起来，总共约合三页篇幅，另外约有二十页篇幅的论述，是对功利的原则带来不良影响的攻击。我只是认为篇幅这样的分配本身是不妥当的。根本上讲，功利的原则是否真实才是重要的论题。处理争议问题的论文，论证作者自己观点只在文章中占极小部分，大部分篇幅花在证明与自己对立观点会带来不良影响上，这种情况下，人们一般会认为，或者对前者没有什么可说的，或者即使有的话，作者也没有足够的表达能力。有一点可以肯定，对某种观点不良的影响描述无法阻止有思考能力的人去接受它，如果证据表明实际情况并非如此的话。反之，在被信誓旦旦地告知某观点的不良影响后，缺乏思考能力的人却可能被吓得连检验证据都不敢了。所以，当我们发现这才是正确的分析观点的方式——比起其他方式我们更偏爱它，用起来更加有力和深入——我们就会觉得作者试图影响的不是那些有思考力的人们，而是缺乏思考力的人们，或者作者本人就缺乏思考能力，决定他判断的与其说是对证据的理解,不如说是对违背自己偏爱和性情的观点的厌恶。因此,当发现接受这种观点显然将给自己带来痛苦时,他轻易地接受了各种反驳它的理由。

教授对功利原则的批判和对道德感存在的证明都可以在下面这段话中找到:

请你们放弃这样的观点——道德感觉是观察、追踪罪恶的结果后产生的。这一观点是错误的。幼年期的羞耻心并不是在这一系列思考之前产生的,因此后者并不是前者的原因。从古到今,全世界数以百万计的人都是作为社会人和道德执行者而成长的,他们遵循上帝和人的法律,从未追踪过或想过要考证自己行为的道德后果,也从未把它们同任何功利标准作参照。还有,请你们也不要再说道德感不过是教育的产物,这种观点认为,正当或不正当这样的词语,最初从母亲之口传授给孩子,以后再在人际相互传播。随着人的成长,通过耳熟能详的"称赞和批判"的教诲、关于合理性的经验和法律的约束,道德判断就从外界逐渐移植到我们心中来了。我要重复强调的是我们道德感觉并不是像上述那种顺序出现的,那不是真实的。问题的关键在于情感。在尚不受道德规范或法律约束的幼年期,道德情感通常最为强烈。还有,我们应该如何理解教育呢?教,是以受教一方的能力为前提的。受教一方不具有接受能力的话,教,也就完全没有意义了。精神能力被呼唤出来,变得显在、成熟,但它不可能被创造出来,就像我们无法创造出一种新的物质分子,或者发明一条新的自然法则一样。

在后文的一个段落中,作者用稍长一点的篇幅再次阐释了上面最后三句话的要义,我们只引用其中的一段:"训练(无论它对改变某个人的思想能起多大作用)无法创造出新的能力,就像它无法带来新的感觉器官一样。"在《讲义》的其他许多地方,同样的论点再次被提及,但没有展开。

接下去,让我们分析一下这些论点吧。

首先,教授认为(或者看似认为)我们的道德情感不可能通过对后果的体验获得,因为儿童的羞耻感要先于他对任何后果的体验。同样的,数以百万计的人带着道德感情成长起来并过着有道德的生活。我们不认为最原初考虑自己行为结果的人,在任何时候必然一直都是这样的。教授坚持说:"他们绝不考证自己行为的结果,或者说不想考证自己行为的结果,也不是将自己行为与功利的基准相对照。"

第二,教授强调道德感情往往是在幼年时期强烈表现出来的,所以它并非是教育之成果。

第三,教授认为教育只是唤起能力,却不能造就能力，所以道德感情并不是由教育造就的。

我们首先来看他的通过孩子的羞耻之心来说明行为结果先于任何对行为后果的体验的奇妙观点吧！一个精神正常的人提出这样的观点难道不让人感到惊讶？人幼年无论哪个时期，至少在获得关于某个行为某种观念之后，这一行为之结果就不得不包含着其行为后果的体验。殴打人的观念难道不与认识到他人被打会产生痛苦的观念有关？要听从父母的命令，难道与假如不实行父母的指示，父母要不愉快的观念无关？这一段通篇叙述孩子们的羞耻心先于经验存在，说明了以下两点：教授把孩子也好，成人也好都看作完全是无知的，缺少区别两者之不同的浅显道理的能力。[27] 塞奇威克采用"观察、考证罪恶的结果"、"思维的连续"、"按照行为基准"等夸张话语以及意味着不断内省、高度抽象的用语，来论述孩子们通过导致产生痛苦或者带来欢乐的行为——单纯的事实来获得的知识(孩子们最初获得的知识之一)。我们认为这样的措辞用在孩子或没受过教育的人身上是不合适的，所以他才必然得出这些人头脑中没有由某种观念引起的另一种观念的结论。同样，孩子们虽没有考虑过计算方法，可是都知道自己有十个指头，所以教授能够强调孩子们具有预先获得的本能。孩子们虽然不是法律专家或道德哲学家(教授是用那种夸张的学术用语恐怕只适用于这些人)，但他们也有自己使谁受伤会给予他人带来不快那种观念，或者，他们也会有自己被他人弄伤会感到苦恼的观念。这些观念先于做不正当事情时的羞耻心产生。功利理论的支持者认为最初形成恶的概念、对恶的憎恨感情，不是从抽象出发，而是从这些具体的要素得出的。塞奇威克的论述，与我们常常听到的一种观点很相似。他认为功利原则是错误的，因为他把道德的基础设定为"社会的善"，对于大部分人来说，这种观念太复杂了，他们只会关心特定的人。当然，只有从事公共事业工作的人，其言行具有很大影响力的人，才有对特定关系以外的人赋予注意的机会。对其他所有的人来说，所谓道德，是对自己周围的人行善而不与加害。当孩子有了主动给予别人痛苦或欢乐的意识时，他就有了功利的观念。之后他们再逐渐形成涉及社会的复杂的观念，懂得自己的行为将会对周围人的利益带来何种影响。此后，他们的关于功利的概念以及基于功利的正当或不正当的观念不断地扩大，可是，再也不接受新的要素了。

再有，即使孩子们的羞耻心先于有关行为结果的所有知识形成是真实的，这对于道德感觉问题究竟具有何种意义呢？羞耻心与道德感觉又有怎样一种关系呢？尽管孩子们因做了被认为不好的事情而感到羞耻，可是他们也会明知自己做的是好事而羞耻，如果他们因做了那事而被嘲笑的话。孩子甚至也会为了自己比其他孩子迟钝、长得丑、家境贫困、没有漂亮衣服、跑得慢、不会格斗、打架输了诸如此类事情感到羞耻。所有被周围人看不起的事情都是引发羞耻感的原因。所以,对这样羞耻心,很明显可以用外部联系来说明。但假设羞耻心是天生的,并以这个理由来支持道德感觉的存在,这到底能够证明了什么?塞奇威克为了道德感觉之存在,能够出示的事例也只有羞耻心,即便那样,我们依然可以说道德感情是外界传达给我们的意见的结果。因为羞耻心也很明显是来自他人意见的结果,至少在幼年期的这种感情"只是由他人的意见移植而产生的"。

对教授上述第一个观点已经没有必要作更多的评论了。教授第二个观点实际上强调的是,道德感情不是逐渐成长起来的,因为往往在幼年期最强烈地表现出来,所以不是单纯从教育获得的。

首先,这是一段误导论题的论述。[28] 因为他反驳的对象中没有谁说过"道德感情只来自教育"。我们已经不强调道德感情是为了促进实现社会目标,由父母、教师有目的地教予的是人为观念之集合。同样,(我们也不强调与观念集合正相反的,道德感情是与生来具有的感情完全异质的东西。)对他人痛苦和快乐的感知天然地就是痛苦和快乐的。这个事实体现了我们天性的组成,功利主义理论最好的导师们认为我们对他人的喜爱和憎恶等情感正是由此产生的,它不同于无生命之物给我们带来的喜悦和厌恶[29]。我们天性中不自私的那部分以此为基础孕育出了道德感情,它甚至独立于外界的灌输。

可是，道德感情成长与教育无关系，与它属于我们天生的本性这一点也并不矛盾。但是，塞奇威克就此一概而论地认为道德感情是与教育完全无关地发展的，教育不是这个世界的几乎所有的道德感情的源头，云云。这些观点都仅是完全与事实不符的一种感想。假如他认为"道德感情往往在幼年期最强烈地显示出来"，意味着对于孩子们来说也是最强烈的一种感情，那么也只是暴露了他自己对儿童的了解是怎样的无知。幼年期的孩子虽有感情，但是恰恰缺乏道德感情，不能控制自己意志的幼小的孩子，决不具有道德感情。接触身边孩子的人，无论谁都知道没有再比孩子更具有利己心的了。孩子的利己心不是表现为成人那样的冷淡。即使最富有感情的孩子同样具有利己心。但是，即使是最利己的成人，在不顾及对他人的影响，随手把所有快乐归属于自己这一点上，也难以与儿童匹敌。他人的痛苦本来对于我们来说也应是痛苦，但是实际上只有发动了自发意识集中的想象力，我们才开始感觉到他人的痛苦。孩子们被眼前的欲望控制住的时候，绝不能够自发地集中意识。如果一个孩子懂得克制任何欲望，要么他是出于感情或同情，它们完全不同于道德情感，要么是因为有人教他这样做（无论塞奇威克先生是怎么认为的）。由于教育，孩子们才慢慢地养成自我克制的习惯，与教育的手段和热心程度呈正比。

教授打出"道德感情往往在幼年期最强烈地显示出来"之说，只能证实他想要驳斥的观点。人的一生中，道德感情最为强烈时期，是我们告别单纯作为家庭之一员，走向社会、开始有了社会交往之时。这一时期是教育朝单一方向延伸所到达的最远的时点，尚处在未改变方向，未朝其他方向发展的时期。踏上社会，相遇了与迄今为止习惯接受的教育相反方向的教育，在社会实地中，一旦接受了这不同方向的教育，道德感情就开始变弱。难道这就是道德感情与教育完全无关的标志吗？在父母管教之下，[30]接受严肃教育的少年，两者中谁具有最强烈的道德感情呢？

对教授第二个观点的评论也已很充分了，接下来我们来看第三个观点。他认为，教育只能够强化我们与生俱来的、因为未被使用而处于无力状态的能力，但是人不能创出不存在的能力，从而教育也不能够创造道德能力。令人惊奇的是，教授未发现自己犯了所假设的问题先决条件是虚假的这一毛病。他为了证明道德判断是生来具有的，所以假定道德判断是从特别能力中产生的，可是这一点被主张功利原理说的人明确否定了。他们认为，识别行为道德性的能力与我们识别智力和感官行为性质的能力别无二致，他们还认为，识别道德差异的能力就是审判案件或者向陪审团做陈述的能力，后者是一种非常特别的力量，但没有人会说詹姆斯·斯卡雷特爵士[31]在成为律师之前就已经拥有了这种力量，因为教育和实践无法培养出新的能力。新的力量是可以培养的，而能力不过是"力量"经过了洗练的名称。教授所说的能力这个词完全失去了这样的含义。他把"因为未被行使而无力"的能力叫做"无力的力量"。<sup>原注7</sup>

如果要把道德判断归结为我们天性的一个特殊方面，唯一的理由就是我们在道德上的认同和否认之情的确是特殊的感情。但是，与其他我们体验过的感情不同，这种特殊感情是由每日的交往联系创造出来的，这不是尽人皆知的吗？教授又怎么看待野心这种对凌驾于同类之上权力的欲望，因占有和行使那种权力而产生的快乐呢？这些也是特殊的感情，但它们同样产生于联系法则，来自凌驾于同类之上的权力与对我们几乎所有其他倾向的满足间的联系。教授又是怎么看待骑士式的荣誉呢？还有觊觎和嫉妒之情？对自己钱财的吝惜之情？谁会把最后这种感情看作是独立的天性能力呢？谁都知道，它们源自联系。它们与我们天性的任何其他部分都不一样，却和良知感情一样特殊。很难相信，上面这些被我们驳斥的东西就是塞奇威克先生用来证明功利原则不真实的全部论据，但这的确是事实。作者还证明该原则的有害后果，认为有人采用它之后"在情绪和表现上"产生"使人堕落效果"，下面我们来看看他在证明这些问题时是否更加成功。比之前者，教授在这里的证明更加语焉不详，他不多的几个观点也更加类似空喊口号。然而，我们还是能从这种含糊陈述的外表看明白了他指出两层缺陷。第一,功利原则不适用于人的能力,即使想要正确地应用它,我们也没有那种能力。第二,该原则降低了那些应用它的人的道德实践水准,这似乎是在暗示(虽然这种论断很奇怪)把它接纳为原则与正确应用它的尝试是不兼容的。

我们必须引述塞奇威克先生的原话,否则难免有曲解其观点之嫌:

除了一个把对善恶的检验当做权宜之计(无论这个词有何意思)的体系对人类道德的有害影响外,我们还可以从更广义的角度确证,这种原则本身完全不适用于人的能力。该原则认为,虽然人很弱小,但他是直达上帝宝座的道德因果之链中的一环,虽然他个人的行为看上去微不足道,他却努力地尝试着考证它们在直至无穷远的后世产生的后果。从这点来看,人的每个行为都被织入了道德体系,延伸到过去和未来,被全能者的头脑所感知。至少对于我们来说,这种想法不应仅仅以心照不宣和理所当然而告终,因为我们能判别善恶,有行动自由从而需要负责。并且,就我们对上帝之道的认识,这种想法似乎符合他的初衷,即把所造之物的自由行动作为实现他自己意志的第二种推动力。可是,这种观点忽略了先知的上帝在弱小而多疑的人类头脑面前设下的障碍,因为人类没有先见之明去考证哪怕是他的一个单独行为的后果,所以在判别善恶上,功利主义(在这个词语最崇高的意义上）是不适用于人类理解能力的，因此它没有实用价值。

塞奇威克先生似乎属于这样一个成员众多的人群，他们从不屑于仔细打量自己反感的观点。谁说过必须预见每个个体行动的所有后果，"考证它们在直至无穷远的后世产生的后果"呢？行动的某些后果是偶然的，另一些则是按照已知宇宙法则的必然结果。前者在大多数情况下无法被预见，但人类生命的整个历程却是建筑在后者能够被预见这一事实之上。因为什么我们才会有信心去做所有的事，比如买卖、饮食、写作、读书、步行、骑马、说话、思考，还不是我们能预见这些行为的后果吗？即使是最普通的人也懂得按照完全建立在对后果有先见之明之上的智慧格言来生活，而一位剑桥的智者居然告诉我们把对结果的预见作为生活的指导是不可能的！我们对后果的预见当然是不完善的，但我们的天性中有什么是完善的吗？贺拉斯说过：即使不能走得更远，达到一定程度还是可以的。并不能因为你的眼睛不像林克乌斯（Lynceus，神话中的英雄，以目光锐利而著称。——译者）那样好，有了眼疾就不用药膏涂它（*Est quodam prodire tenus, si non datur ultra; Non possis oculo quantum contendere Lynceus; Non tamen idcirco contemnas lippus inungi*）。如果教授不认同我们已经具有的指导自身行为的方式，那么他必须要证明我们还可以找到更好的。假设道德感存在，它会是更好的实践指导吗？如果是那样的话，请把它白纸黑字地放在我们面前吧。如果自然赋予了足以指导我们行为的准则，同时无需考虑我们行为任何可能的后果，请把它展现出来吧。但是没有，整整两千年了，自然的道德法则仍然停留在空喊口号的阶段，没有人就这个问题哪怕写过一段完整的文字，所有的只是若干基本的概括，与基于功利主义的道德相比只是小儿科。听听道德感学派的先知巴特勒主教是怎么说的吧，作者引述了他的话如下：

> 无论人们对美德的本质有多少争议，或者在细节上有多少令人生疑的地方，整体上存在着被普遍接受的标准。所有时代和所有国家都公开承认它，所有你碰到的人都在身上展现出它，地球上所有世俗体制中的基本法律都把将其运用到人类身上看做自己的任务和使命。它就是正义、真理和对公共之善的尊重。

塞奇威克先生赞赏巴特勒的点到为止[原注8]。那么巴特勒，或者说塞奇威克先生是否真的相信人类是因为缺乏足够的对后果的预见，以至于他们无法看出"正义、真理和对公共之善的尊重"的优越性呢？是不是因为缺乏某种特别的能力，导致他们无法认识到这些对他们有用的品质呢？

然后问题来了，什么是正义？也就是说，这些别人身上我们必须尊重的品质是什么呢？"对公共之善的尊重"对行为有何要求呢？诚然，我们从对后果的预见中得出的结论并非尽善尽美，那么就要他们从道德感中得出结论吧。他们能吗？请把写在人心上的那些问题的答案出示给我们看吧。巴特勒主教放弃了，而塞奇威克先生则赞赏他这样做。当塞奇威克先生想要用一些确定的东西来对抗功利主义道德的不确定性时，他没有向道德感求助，而是诉诸基督教。就这样，他如此公平地在两种原则间实现了平衡：一方面他假设自己的有道德感的人拥有全部来自上天启示的指导，另一方面功利主义者无法得到任何这样的帮助。如果这样讨论问题的话，结论也就不言自明了。我们还有必要说，作为帮助人类解决疑难判断的启示，它对于两方面是机会均等的吗？我们还有必要说，在《讲义》中被作为功利主义体系代表的佩利，自始至终都在诉诸启示吗？但他并未因此获得塞奇威克先生的认可，反而受到批评。看上去，启示似乎只能为支持道德感的一派所用，却不能帮助支持功利主义的判断。

事实上，就像佩利所看到的那样，启示（如果此处的启示特指《新约》的话）很少涉及伦理学的细节。基督教既没有给出法律准则，同样也没有给出道德准则。它的实践道德是不确定的，并且是有意为之。在一些最会为基督教辩护的人那里，这种不确定性是它最突出的优点之一，也是其神性起源的最有力证据之一。它因此得以成为世界性宗教，而不像犹太教或者其他宗教那样，一成不变地严格要求履行某些只有在一时一地才有意义的行为，这让它们在本质上成为了一时一地的宗教。与之相反，基督教通过塑造人的品性来影响他的行为，它的目标是是提高和净化人的欲望，一旦认清职责，就不再有阻止它实现的障碍。但具体到职责是什么，即使只是与外部行为有关的职责，它就语焉不详了，所说的与道德学家通常所说的别无二致。因此，如果想要确切的道德，我们不得不求助于"对后果的预见"，虽然教授将其视为畏途。

但是教授对其不确定性的描述过于夸张了。如果每个人必须亲自做每件事，同时只有自身的经验作为指导，的确会有很大的不确定性。但是我们的情况并非如此。和指导自己行为时一样，每个人在指导自己的道德是依靠的不是他本人孤立无助的预见，而是包含在传统箴言中的所有世代积累的智慧。对于传统权威的认同如此之强，以至于在大多数情况下，人类很少会背离它，这正是一些荒唐之极的习俗会经历漫长世代流传至今的唯一原因。有上亿的人认为（或者他们的先祖认为）在偶像面前晃动钩子是最高的美德，而喝牛肉汤是最大的玷污。土耳其人认为女人不戴面纱出现在街上是最大的伤风败俗，当被告知这在某些国家不会招致任何不良后果时，他会摇着头说："如果你把黄油放到火边它就会融化"。许多世代以来，欧洲最有学问的人不是把亚里士多德的每句话都奉为真理吗？从固有观念中走出来就是这么难。对于修正和改进传统观念来说，经验的进步和人类知性的发展太慢了。我们害怕的不是大多数人坚持只凭着自己无助的知性之光来"考证行为的后果"，而是他们过于乐意让别人一劳永逸地解决问题，并且认为制定道德准则与己无关（就像保守党作者对法律的看法），只要遵守它们就可以了。

塞奇威克絮絮不休地谈论功利主义，却只是望文生义，对其原则一无所知。他把按照以功利为基础的行为准则行事称为"等待功利的算计"。在他看来，这样做本身就是不道德的，因为"犹豫就是背叛"。按照他的说法，按照准则而非直觉航海就成了等待天文学的算计。似乎完全不必等船只航行到南海之上才进行计算吧。难道因为水手还没有确证航海天文历上所有的计算，他就会犹豫是否使用它吗？

塞奇威克谈到了若要忠实地恰当使用功利主义的原理时，会产生某种程度的困难。有关这一部分的问题，我们已经没有任何必要再谈了。但是他进一步批判说，这样的原理具有"使人堕落"（debasing），"导致道德低下"（degrading）之影响，对精神产生影响无论什么事物，都采用"使人堕落"这样修饰语，具有几种含意。首先，意味着"使人变得无操守，不顾及他人的权利和感情"。其次，还意味着让人感到自卑，对外来侵害和侮辱无感觉、不抵抗，不能强调自己的权益，不能保持自己的精神、行为正当的独立性。他还说,"这能够使人胆怯、怠惰地生存下去、忍辱负重,不再具有发奋自立,为有价值目标努力的勇气"。"让人变得小气,霍布斯在《利维坦》中把'小气'这个词的解释成:小心翼翼(pusillanimous)"。即意味着这样的人"过分拘泥于琐屑的小事,不能承担大事;也不能从重要思维对象散发出想象力,无论遇到什么事情,只能作微观思考、感觉、观察、行动"。对人类的精神只要产生了这样影响导致上述状态中某一个后果之意见,当然可以称作"使人堕落的"观点。但是,对上面列举的影响,塞奇威克没有能更明确说明并加以证明,也没有采用明了的措辞叙述,只是说"这种见解使人堕落",实际上仅仅说了以下的意思:他讨厌这种观点,可是为什么讨厌,他自己也不清楚。自己感到厌恶这种见解,所以得出这必定是不好的结论。接下来我们来看下面这段文章中,他围绕一种理论会给予精神何种影响这一议题引出了怎样的命题?

如果对正确与否的衡量变成了权宜,而每个人都宣称有评判的自由,那么美德与罪恶同人类的道德条件就不再有任何固定的关系,而是随着观念的变化而改变。在这种功利主义体系之下,人类行为不仅接受来自偏见和感情的坏影响,人类的生活规范也受到同样程度的坏影响,必然下降到同样的水准,因为按照功利原则,他将无法再把行事准则和准则的应用区分开来。如果他的行为不端,那么无论他的心如何认同某种高尚而不变的道德标准,后者也无法被他的思想所接受。而有害的激情会继续让他堕落,除非有强大的宗教力量的支撑(我现在先不考虑外界力量),他必将随着堕落的行为标准而沉沦,陷入卑贱而低下的生活状态。也许有人会说,我批判的是对某种准则的误解和滥用。但我要说,假如某种观念被滥用是不可避免的,那么它本身就是坏的。功利道德体系把美德从天上的宝座拉到地下的审判庭,在那里,决定它的不再是神圣的认同,并且被司法的无知所歪曲,被低下的热情所玷污。

这一段告诉了我们什么呢?第一,假如功利行为被作为基准的话,人们的关于道德观会呈现各种不同意见。这种对不确定性的诟病我们前面已经驳斥过了。

于是,接下来他说,稳固的道德不存在时,人的道德判断被强烈感情扭曲。实际也确实如此,但是,这是扎根于人类存在的生活方式之中的一种邪恶,我们必须承受。不能靠假装自然会告诉我们什么是对的来消除它,因为从没有人知道自然告诉我们什么,而且除了诉诸功利也没有什么方法可以表达出自然的法则。在前面引用的一段话的后面那部分,塞奇威克表示,这种"行为基准"使得"德性低下";"让人的生活卑贱而低下",可他只不过反反复复用各种语句重复了他的这种感觉。德性真是如此低下,那谁也不会强迫他去接受。他把这种"行为基准"看作是人堕落的东西,毫无疑问是他个人的感觉，在他明确说出这也是其他人的感觉的理由之前，我们也可以认为他眼里的"行为基准"会有如此印象，恐怕是因为他自己也不理解之故吧！我们读读下面一段引文就会明白了：

> 基督教认为，所有单纯出于世俗结果考虑的行为都是建筑在错误基础上的，它们把各种美德的起源放在了感情上，通过自我贬低之情使其获得持久的力量，如对神恩的感激、与上帝交感，以及对永生的渴望。所以谦逊成了基督徒德行的根基，自我怀疑成了基督徒坚韧的基础。上帝的眼里，人类所有的营生都是乞求宽恕的手段乃至赎罪的代价，是无价值的。上帝以这样的宗教教诲自己。可是基督教给了基督纯粹的、完美的生活规范，而且一瞬间也不能免除对规范服从的义务。因为基督教经常是以道德净化能力使得被玷污的神像焕然一新为目的，这样的道德戒律具有永远制裁的功能。于是基督教的博爱，成为有效的、不变的原则。无法由俗世做出评判，而是超脱于俗世，还成为所有有德性生命的源泉，在其收获时期能获得其他无论哪种土壤都不能产出的，难以匹敌的丰盛、高贵的果实。

功利主义的企望，却是要废除良心的权威，这正是从拒绝作为测试正当与否的试金石的道德情感开始。功利主义自始至终拘泥于现世，所有的行为都以时速为基准来考虑，其价值由世俗的结果来判断，德行成为计算的对象,成为利益得失问题。而且,这样的主义还认为,人类的体系如果能高升上了天国,那也必然是通过严密的数学计算,日常工作的分量,道德的收益来决算的。这样的结论,使得人生这本书的每一页散发出来的精神受到创伤——这正是功利主义得出的结论。实际上,佩利不仅预先知道这样的结论,还接受了这样的结论。假如这样自始至终迷恋于这种体系,坚信基于自己的错误依据,那就成了高兴地容忍了该应该感到恐惧的归结——顽固执迷不悟的一个显著的事例。

**塞奇威克在这段话后面还补上一个注释:**

下面是佩利书中的相关段落:

基督教没有精确规定被拯救所必需美德的量。

"被允许进入天国的最邪恶的人与被剔出天国的最善良的人之间,几乎不存在优劣之差,所以允许一部分人进入天国,判决一部分人下地狱,绝不应该看作是上帝的好做法。除了回答说几乎不存在关于这两种人的甄别之外,怎么来回答这个问题呢?"(引自佩利《道德哲学》第一卷第七章)

佩利的晚年总不能仍然继续保持这一观点吧?

所以"道德能力的净化"是必要的,因为道德情感需要被修正。但他还说过,道德感情是"对与错的试金石",谁"拒绝"这种试金石就会遭到他的指责。但我们不想批评塞奇威克先生的前后矛盾,我们只是想知道塞奇威克到底想说些什么。结果我们明白了吗？他指责功利主义的主要理由,就在他的某个字眼中:功利是世俗的基准,通过世俗结果来评价所有行为的。

与大多数只凭感情对一个自己从未认真思考过的问题发表意见的人一样,教授也纠结于个别字眼,他陷入了模棱两可之中[32]。为了证明自己关于功利标准世俗性的论断,他必须从一个词义上理解这个词,而为了表明功利标准的有害影响,他又从另一个词义去理解它。所谓"世俗的"是通常意义上的批评之语吗？也就是庸俗意义上对个人利益的过度渴求,如财富、权力、社会地位等等,或者试图占有喜欢的外部对象、舆论和他人的好工作呢？这样理解的话,把功利叫做世俗的基准是一种错误的表达,将所谓功利看作是由这种结果来评价行为也是错误的。所谓功利,其实就是由行为的所有结果[也包括非世俗的结果——译者]来评价行为。如果塞奇威克认为功利原理(倘若使用经院学派的区别)只关心行为的客观结果,不考虑主观结果——对自己、他人的条件的影响给予最大的关注,完全不注意幸福或不幸的内在源头,就如我们在前面已经说过的那样,这样的批判用于针对佩利,某种程度上说对了。但是要把这种错误责任归咎于功利原理,简直犹如要求那些习惯于从结果来判断事物的人只是根据结果的一部分来判断事物。而如果塞奇威克的"世俗标准"是相对宗教标准而言的,并且认为只要接受了功利原则,我们就无法用宗教来为其正名,或者剥夺了宗教动机和感情的重要性。这样的话,与佩利所说的完全不同,甚至可以说是恶意中伤。那么塞奇威克想说什么呢?他只是想说:我们在现世的行为最后的结果也是在现世呈现出来的,上帝让我们生活在现世,我们必须在那里赢得天国的住所。基于功利的道德的确也认可这样的诉求,难道塞奇威克的道德体系否定这样的诉求?

对下面这句话中概念的混淆[33]我们有必要给予注意:"基督教把基于世俗的结果考虑的行为都看作基于错误的根据出发之行为。比如把父亲从死神那里救回来,就是考虑世俗的结果出发去救,此外还有什么出发点?给病人治病,给裸体者穿衣,为无家可归者提供住宿等等,都完全是从世俗的结果出发的行为,还能说从什么出发的?如果只限塞奇威克先生用意思清晰的词句作答,那么答案很清楚——真实的事情是:基督教把出自世俗动机的所有的行为都看作无价值的,即完全不是我们从自身的道德形成的欲求出发,或者说从完全支持生存者的欲求出发。已经几乎没有再重复我们的德性的基准是怎样之必要了,假如我们相信上帝承认这样的动机,它们的影响力是同样强大的。

塞奇威克感到愤慨的是,我们在来世的境遇,将根据我们一生的善行和恶行的平衡来决定。根据他的正义观念,这后世的境遇必须在善行和恶行两者中的一个来抉择,不是善行便是恶行。其实这也是从误解出发的结论。他既不理解佩利的学说,也不理解自己所说的"是从功利的原则正确地引出"的结论。与其他所有的基督徒一样,佩利也认为来世我们的境遇是根据各自道德完善程度决定的,不是根据被机会、诱惑所左右的善行和恶行来决定的,而是根据善的性向和恶的性向之间的平衡来决定的。换言之,是根据我们行善的意志的强度和持续性来决定的,不是从我们行为中产生的无意识的善或恶来决定的,由自己为了实现拥有德性的努力强度来决定的。佩利认为基督教"没有精确规定被拯救所必需美德的量",他所谓的量,不是指由此出发为了拯救做出的有益行为的数和种类之多少。他的意思是,基督教没有决定哪些追求德性的积极动力,以及哪些抵抗诱惑的力量能够让人在面对上帝审判时免受惩罚。这种不作决定是非常聪明的。没有哪种解释比佩利的更加与基督教对上帝特质的描述保持一致了,即朝着道德完美迈进的每一步,都会有利于获得永恒福祉。

塞奇威克论述剩下的部分,假如这部分也能叫做论述的话,充满了混淆论点的错误。他把有关正当的和不正当的功利原理与关于人类普遍的利己性的理论——假设有这样的原理——完全混为同一种理论来处理。在他的诸多段落中,我们完全搞不清楚他专门针对这两种理论中的哪一个发出反论,恐怕连他自己也不明白。

提起前者是他的开头,论述后者是收尾,在他心中两者完全是一个东西。我们来看下面这段文字:

功利主义哲学与基督教伦理,在原则和动机这两点上,并不具有共同的纠缠在一起的纽带,两者也绝不应该共存在同一个体系之中。因为即使我们把两者不同点缩小、隐蔽起来,结果也因两者出自不同依据,其不同明显地显示出来。基督教伦理具有的理论说服力全都求助于道德感情;另一方面,功利主义哲学求助于我们的本性——强烈的利己的感情。

如果我们抑制良心的权威、否定道德感情、抛弃名誉自尊、忘却了宗教信仰(人经常会这样),与此同时还接受了功利正是一种普遍的判别正当与否基准的教诲,那么,我们对强烈的感情欲求的抵抗力,对追逐世俗利益的欲望的抵抗力,到底还会剩下些什么呢?涉及精神状态的场合,凡是不停留于单纯欲望的动机,都成了没有意义的了。基于这样的功利主义道德体系,违背道德准则的人,已经不再被看成自己更好本性的背叛者,或者是渎神地玷污上帝形象的人:他只按照他人的原则行动,却在计算自己个人利益时犯了错误。于是,我们从美德那里夺去了神圣,从邪恶那里取走丑恶,从人性中抢走了尊严,从语言中骗取了意义。我们不仅在基督教世界,把最崇高的情操当作狂热、愚蠢的东西绝弃,就连异教徒世界的高尚德性也抛弃了。而且,我们本性中最伟大的、最高尚的一切德性都在冷漠、饥渴的利己心的影响下枯萎了。

用这样的口气，作者非常激烈地、不断重复地攻击提出某种观点的人及其支持者。这些人明确表达的观点，虽然不费力就能读懂，但是在教授所有的措辞中，都难免不受到道德谴责。[34]"预测获得个人利益的机会"与功利原则之间到底是什么关系？塞奇威克先生的目的是证明从功利原则可以导出这样的结论，即邪恶的人并不比不够慎重犯了错误的人更应该受到指摘。我们知道，假如塞奇威克真正读懂功利主义就绝不会得出这样的结论。若依据的不是功利主义，[35]而是被误解了的哲学必然性或利己心的理论，那么还有可能会得出这样的结论，确切地说，从利己心理论出发也推断不出这样的结论。

"抛弃高尚情操"等漂亮的词藻在这里没有议论价值，"压抑了有助于德性的所有亲切人心"和下一页谈的也是如此，虽然我不想说[36]这些表达也许是故意偷换概念，那也很接近偷换概念了，是故意无视事实导致表达的错误。到底是谁压抑了"纯洁的亲切的人心"？也许教授是真的相信，人类总是会热爱和推崇任何"高尚的"或者其他什么情感，只要它们能引导人类走向善，或者提升人类的思想，使之摆脱让人类互相伤害的低俗目标的影响。教授担心的是那些犯了道义罪过的人已经不被人们憎恶了,可是,我们认为应该憎恶的,不是触犯道义的人,而是罪过本身。然而,人类都非常憎恨所有明显危及自身的事物。正如教授自己也相信那样,人们绝不会喜欢那些充满恶意、待人冷酷的人。人们是否把这一类人称为"违背人类本性的人"、"不虔敬而玷污了上帝形象"的人,取决于他们是否采用陈腐的修辞手法。可是他们的言语都会证明这样的事情:虽然人们也惧怕、憎恨既没有善的本性、也没有"上帝形象可供玷污"的恶狼、毒蛇,但更加憎恨的是外表与自己相似的,内在却是自己仇敌的那种人,具有的毒性比"蟾蜍和毒蛇"还要强有力,与它们有同样行恶倾向的人自动走到一起。

教授的观点是,当功利作为衡量正当与否的基准后,"目的就能使手段正当化了"。我们所做的回答与针对其他体系的一视同仁。在所有的道德体系中,如果目的是善的,它就能使所有的手段正当化,只要那些手段不与某些更加重要的善发生冲突。在塞奇威克先生自己的体系中,不是也有用目的替行为正名的例子吗?但是那些例子放在其他情况下就会让人极度恐惧,比如在大众面前冷血地夺走一个同类的生命。根据功利主义原则,目的能使所有对达到该目的必要的手段正当化,除非某些手段造成的有害后果要超过目的有用的结果,这样的例外有很多。

我们对塞奇威克的批判[37]就到这里为止了。我们首先把塞奇威克看作研究构成博雅教育重要课程的评论家,其次是把他作为攻击功利主义道德理论的教授来讨论的。对于前一个身份的他,我们明确指出;他应当说的,全没说;已说的全部内容不是陈腐的,就是有很多错误的。他在论述目的之外的部分,不仅不能反驳道德是以人类幸福为基础的理论,在尝试反驳过程中,他不仅暴露了自己对这种理论欠缺理解,还敢于对他人的观点,甚至他人本身提出最严厉的指摘,虽然对该学科哪怕只懂些皮毛的人也会发现他的指摘是站不住脚的。

社会舆论都把塞奇威克看作剑桥大学学者中的第一流人物,如果允许我们从他的代表作——这本《讲义》来判断的话,那么可以断言塞奇威克在剑桥大学也算是个典型人物。倘若我们考虑到实际上剑桥大学并没有培养出一个能蔑视《讲义》那种思维、著述的人才,就会对剑桥大学做不客气的评价了。但是,我们相信事实上剑桥有这样的人才,他们也为《讲义》发出叹息。而且,我们给那些用非常严厉口吻拒绝功利主义的人们提供了上述证据后,连原先必然把塞奇威克评价为知性典型的他们,也不再把他作为知性典型了。我们知道,即使这些剑桥人几乎正在所有的领域中发挥出色的能力,取得知性的业绩,可是他们都未曾表达过一次证明自己真正价值的议论。我们在回应塞奇威克的时候,也谅察他们未必完全同意塞奇威克的想法,可是在回答时我们也不时不点明地对他们做出了回应。[38]

这个问题并非仅限于思维范畴。更不用说对于那些负有道德情操教育重任的人来说,正确看待它们的起源和本质是多么重要。我们可以说,道德感是否真实取决于道德是个固定不变的还是逐步发展的概念。如果人类真的拥有能帮助他判断对错的感觉,那么他的道德判断和感情就不可能被改进,它们永远都会处于应有的水平上。对于人类在通常情况下应该如何看待和考虑他们的义务这个问题,必须要抛开可能让他们产生偏见的利益和热情来观察他们的所见所想。从而,这理论对于已经通过教育、政治形成了关于自己人类的固定的看法、思考的人们来说是一种值得赞赏的理论。根据这一体系,无论谁所抱有的偏见,也许也会通过对偏见无私地执著的人们,认为这偏见与自己有利的人们,成为永久的具有普遍性的法制一般被固定起来。[39]

根据与这理论相反的功利主义,关于我们的义务是什么的问题与其他问题一样,是有个留有讨论余地的问题。道德理论与其他理论一样,缺乏证据是不该被承认的,也不能因为疏忽被偷换概念,可以说关系到其他所有的问题,道德理论不是诉说普遍被承认的观点(比如诉说具有普遍特征),而是论述具有启发性的、理性的决定。薄弱的智力和脆弱的性格,与我们关心的其他事情一样,也可以看作我们对道德做出正确判断时候的障碍。而且,可以预测,与其他有关的问题一样,有关这个问题的我们的观点,随着智力的发展,确切的经验知识的增长,随着人类生活条件的变化,行为规则也必然会发生极大的变化。

作为唯一以修正成见和纠正现存的被歪曲了的感情为目的的处理伦理问题的方式,不让它被淹没在喧哗声中对我们人类最大的利益来说关系重大。蔑视分析的人长久以来都大言不惭地认为自己才是伦理问题最好的代言人,只有他们总是把纯粹、高尚和崇高的原理挂在嘴边,而那些用理性来看待自己感情的人却默默地听凭前者把自己称为卑贱、冷漠和品性低劣的人。可是我们期待这些人今天毅然决然地觉醒。至少不要辜负我们的期待。今后还要采用塞奇威克的方法讨论这个问题的人,无论谁,即使他们能发挥舆论的影响力,都必然会受到更加严厉的评判。[40]

# 原注

1. 写这段话的时候,比较进步的大学改革者们尚未出现。

2. 塞奇威克先生在再版的《讲义》中加了一段,这非常正确:

只有用在欧洲被叫做"自然科学(physics)"这个词命名的严密的科学各部门,才会用到"哲学"这个词——这是长久以来,英国学者,特别在剑桥接受教育的学者的习惯。因为一个普遍性的词在某个地方特定地使用,会让读者对作者的意图产生误解,为了避免误解,在以下的叙述中,提起"归纳法哲学"这个术语以及其他类似的术语时,都是着重要附加说明它们是在严密的自然科学中使用的术语。

3. 方法(method)是指哲学的方法(methodus philosophandi),现代人经常只把这个词理解为"顺序"(order)和"配序"(arrngement)滥用。

4. 一个国家文化发展的初级阶段,哲学的位子通常被宗教所占据。对于那个水平上的人类智识来说,哲学所研究的所有更加有趣的问题都能被大众信仰解决。哲学在迎合解决这样的问题之前,必定是古代宗教已经对文明开化的人类失去了支配力,伴随着多神教的衰退,希腊哲学登场了;伴随着天主教的衰退,近代哲学诞生了。

5. 这方面的一个例子是洛克对先验理念的反驳,它在塞奇威克先生的攻击中也被提及。洛克反驳的对象是他那个时代流行的观点,即存在先于经验的理念。洛克完美地批判了这种理论,这个错误从此再没有抬起头来。但后来该理论以略微不同的形式卷土重来,并且在洛克提出我们的全部知识都是以经验为基础之前,那种形式是不可能的。新理论承认经验(或者说外来印象)一定先于大脑中产生的理念,所以没有理念是先于经验的。但该理论提出,存在某些理念,虽然后于经验产生,却完全不同于我们的经验,而只是由后者暗示或激发的。把这些理念看成外来印象的结果,只是因为如果没有外来印象,它们将永远是沉睡的。简而言之,经验是这些理念的必要条件,但不是它们的原型或者原因。该理论认为,关于物质的理念就是一个例子,它不是任何情感的复本。并且假如我们从没有情感,我们也不会产生这种想法。可是一旦我们体验到情感,就会受我们天性法则的驱使形成一种外部事物的理念(我们称其为物质),并且把那种情感看做它的诱因。按照该理论,义务、道德判断和感情的理念也符合上述情况。我们并非生来就有犯罪行为的理念,它来自经验。但一旦我们感觉到了犯罪行为,我们马上按照天性的构造判断出那是错的,并形成了有必要避免那样做的理念。

这种形式的先验原则理论是洛克无法预见到的,所以也没有提供彻底驳倒它的方法。塞奇威克先生据此得意洋洋地指出洛克忽视了"先验理念和先验能力的区别（第四十八页）"。虽然洛克的时代没有人考虑过这种区别，后世却有人考虑过，并且以此为论题的人都没有忽视它。塞奇威克先生难道没有读过哈特莱或密尔，抑或休谟和爱尔维修吗？显然没有，没有迹象表明他读过自己所攻击阵营的任何学者的著作，除了洛克和佩利。他却把那两人作为任何与其结论有共同点的学者的代表。

6. 所谓"想象力"这个词，今天人们赋予了许多内涵，要避免招致误解使用这个词相当困难。根据被普遍公认的一个含义，想象力不单是理性的辅助工具，也是一种必然的手段，即想象力能将理性运作的对象在精神中唤出一种完整的、活生生的形象，在内心保持起来。不用说，这种能力，因人而异；涉及想象力思维正确性、包容性的各种问题还都值得详细讨论。可是，塞奇威克的《讲义》中没有一点点考察这类问题的痕迹。

7. 特别遭到塞奇威克离奇批判的是洛克在《人类理解论》中《论能力》(*On faculty*)一章（第二卷第二十章），我们不能帮助教授再次仔细检读。这一章里，洛克出色谈到了"能力"这个词被滥用的问题，希望塞奇威克对此特别留意。

塞奇威克重犯了中世纪经院学派，即被叫做实在论派中主流学者犯过的错误。这些人对某个阶级给予特定的称呼，对其他对象的阶级不给予这样的称呼，认为给予特别称呼的阶级具有特别性质。塞奇威克也把精神的力量命名为"能力",对其他力量不给予这一称呼。于是他犯了同样的错误,他遗漏了"能力"(faculty)这个词的本义。于是,他把"因为未被行使而无力"的能力叫做"无力的力量"。(这部分后来收入《论说与论考》时删除。)

8. 他说:"这里所有的事都是不明确的。即便如此,所有不断的议论都已表明了他们的观点。作者知道他所对应的事物都是不明确的,不能对他们有所制约,又不冒渎他们的天性,他采用了正式定义的言语。但是真能理解这种谨慎方法的伦理学著述者是少数。"

# 编译注

1. 当时接受经费资助的大学只有牛津大学和剑桥大学。

2. Francois Guizot, *Cours d'histoire modene*, *Histoire de la civilization en France*, 5 vols. Paris, Pichon and Didier, 1829—1832, vol. 1, pp. 12—13.

3. "旧世界"这里指与北美相比的欧洲。

4. 1859、1867版这一段被删除。

5. *Four Letter to the Editors of the Leads Mercury in R. M. Beverleg*, Cambridge, not published, 1836.

6. 1859、1867版这一句被删除。

7. 1859、1867版这句改成:"也可以说叙述自然神学是著述家们共同的倾向。"

8. 1859、1867版这一句被删除。

9. John Milton, *Paradis Lost*, 1667—1678.

10. Piere Simon de Laplace, *Traité de mécanique celeste*, 5 vols. Paris, Duprat, et al, 1798—1823.

11. 拉克洛（Sylvester Francois Lacroix, 1765—1843），法国数学家。

12. 埃斯库罗斯（Aischylos，公元前525—公元前456年），希腊三大悲剧诗人之一。

13. 索福克勒斯（Sophokles，公元前496—公元前406年），希腊三大悲剧诗人之一。

14. 1859、1867版这一段被删除。

15. 出自 *Of Civil Liberty* (in Essays *and Treatuses on Several Subjects*, 1793)。

16. 1859、1867版这一句被删除。

17. 1859、1867版这一句被删除。

18. 1859、1867版这一段被改成：塞奇威克误解了政治考察中历史的作用。历史不是社会科学的基础，是检验。历史验证政治的真实，也往往暗示这种真实，但绝不能证明。政治真实地证明来自人类本性的法则。

19. 指密特福特的《希腊史》(William Mitford, *The History of Greece*, 1820)，密尔在《自传》里也谈到自己反复读这本书，说密特福特强烈倾向于托利党，主张君主制，反对民主制。

20. 1859、1867版这一句被删除。

21. 1859、1867版这个词被删除。

22. William Paley, *Principles of Moral and Political Philosophy*, 1785.

23. 布朗（Thomas Brown, 1778—1820），爱丁堡大学哲学教授。

24. 1859、1867版"完成"被改成："改善。"

25. 1859、1867版这句被改成："词语是能书写的。"

26. cat-o-nine-tails，英国军队内使用九股绳子编制的惩戒用鞭子。

27. 1859、1867版这一句被删除。

28. 1859、1867版此处补入一句："教授不是在与曼德维尔（Mandeville）或是柏拉图对话篇里出场的雄辩家辩论。"

29. 1859、1867版此句后补入："最理解功利主义的教师会这样强调。"

30. 1859、1867版这句改为："在有规矩的家庭。"

31. 即James Scarlett。这里指他作为辩护律师在法庭上有争取陪审员支持的不寻常的能力。

32. 1859、1867版这句改为："与自己没有认真思考过的主题，光凭感情论事的人们一样，教授被词语迷惑、特别受那些暧昧的词语诱惑,所以不能形成自己正确的思维。"

33. 1859、1867版这句改为:"对下面概念之混乱。"

34. 1859、1867版改为:"整个这一段字里行间,让人相信可以不费力地读懂表达被他热心攻击中理论的言语。"

35. 1859、1867版此处补入:"不是正确理解的哲学必然性的理论。"

36. 1859、1867版"不想说"改为:"不想指责。"

37. 1859、1867版"批判"改为:"讨论。"

38. 1859、1867版这一整段改成:"我们绝不把塞奇威克看作他信奉的主义的代表人物(他自己也没有这么认为)我们也丝毫没想说他的著作在对功利主义批判中,包含了最具有效力的、包含了在迄今为止的批判中最好的内容。功利主义理论确实遭受到具有相当高水平能力、知性业绩的人们的批判。在这些批判中也有许多人提出了更有效支撑自己观点的、明了地论述。可是塞奇威克只能说是对功利主义批判者中通俗的典型。尽管有许多比他的著作好得多的著作,但是他的著作却比别的批判功利主义的著作获得更多读者的赞赏,那是因为它恰好迎合低水准的人们,尽管其中也有批评塞奇威克著作的,但是并不确证我们的观点。那些有声望的、给与他很高评价的人,采用轻薄的证据来指责我们的观点,这样的批判还博得了赞赏和拍手叫好的喝彩,也显示了某种意义。"

39. 1859、1867版这一段被删除。

40. 1859、1867版最后补入一段如下:"今后对更强有力的敌手——形而上学,我们只是用更加充实的形而上学去对抗已经不能满足了,就像这里对付塞奇威克环境一样,即使遇到人们因为作者的头衔、名声让人们倾听他的观点的场合,我们也期待对抗所有具有这种力量的敌手,再次参与众目睽睽下的论争。"

# 译后记

最初仔细阅读约翰·密尔的著作,是 1992 年,那时打算做中村正直(敬宇)与严复的比较研究,由此来探究中日两国近代化及其过程中留英的知识分子思想发展轨迹的异同。中村正直和严复有非常类似的经历:都曾留学英国,海归后当过媒体人、校长;也都是以译著而闻名,是对当时社会和后代产生巨大影响的启蒙思想家,而且都翻译过密尔的著作。后来由于某种原因,这个课题没有进行下去。那时没有想到 20 年后的今天会编译《密尔论大学》这本小册子。人生的许多事情都是偶然和必然交织而成的。

我提出编译《密尔论大学》,这个想法很快得到严搏非先生的支持,三辉图书的诸位老师也为本书出版付出了极大辛劳,在此一并表示衷心感谢!拙译的错误一定不少,望大方之家不吝斧正!

孙传钊于 2012 年 5 月 1 日

**图书在版编目(CIP)数据**

密尔论大学/(英)密尔著；孙传钊，王晨译.
——北京：商务印书馆，2013
ISBN 978-7-100-09832-8

Ⅰ.①密… Ⅱ.①密…②孙…③工 Ⅲ.①高等教育-教学理论 Ⅳ.①G642

中国版本图书馆CIP数据核字(2013)第036432号

所有权利保留。

未经许可，不得以任何方式使用。

### 密尔论大学
〔英〕约翰·密尔 著
孙传钊 王晨 译

商 务 印 书 馆 出 版
(北京王府井大街36号 邮政编码100710)
商 务 印 书 馆 发 行
山东临沂新华印刷物流集团
有 限 责 任 公 司 印 刷
ISBN 978-7-100-09832-8

| 2013年6月第1版 | 开本889×1194  1/32 |
| 2013年6月第1次印刷 | 印张5.75 |

定价：25.00元